【 ジェーン・イーストが贈る
チューリップの歴史と最新花 】

世界の華麗なチューリップ銘鑑

TULIPS

ジェーン・イースト 著／レイチェル・ワーン 写真

日本文芸社

はじめに

チューリップの園芸品種は、数千種類と選択肢が広い上に、毎年新しい品種が発表されている。本書では、その中から定着しているものと新しいものを取り混ぜながら、私のお気に入りの品種を紹介している。撮影された全てのチューリップについて、詳しいプロフィールを載せているわけではないが、気に入ったチューリップがあったらぜひ探してみてほしい。ただし、園芸店では、限られた少数の品種しか販売されていないことが多い。もし特定の品種をお望みなら、チューリップ専門の育苗園が便利だろう。インターネットで簡単に探せるはずだ。人気の品種は初秋までに売り切れてしまうため、夏の間に購入することをおすすめする。

本書は、チューリップの魅力を際立たせる、テーマ別の4つの章を設けている。

「バリエーション豊かな花型」の章で取り上げるチューリップは、完璧な形状をもち、柔らかな中間色やパステルカラーから、ドラマチックな赤や紫まで、さまざまな色合いが見られる。

「華やかな色のラインナップ」の章では、最も豊かな色合いをもつチューリップに焦点を当てる。くっきりとコントラストを成す縞模様や渦巻き模様のチューリップは、ガーデンを鮮やかに彩る美しさだ。

「アートのような色の組み合わせ」の章では、チューリップ人気の火付け役となった、エキゾチックなチューリップを集めた。この章には、無数の色彩が入り混じり、炎模様や羽状模様で飾られたエキゾチックなチューリップが登場する。

「オリジナリティ豊かなチューリップ」の章では、驚くほど多様な形状や、一風変わった色合いのチューリップを楽しもう。恥ずかしがり屋の原種系チューリップや、くびれた花や星型の花を咲かせる園芸品種、花びらに切れ込みやねじれのある花などに心を奪われることだろう。

チューリップが素晴らしい花であることは明らかだが、スイセンと違って、植えたままでは毎年続けて花を咲かせないことを残念に思う人たちがいる。原種系チューリップは、適切な条件の下にきちんと植えてやれば繰り返し花をつけるが、ほとんどの園芸品種のチューリップは、掘り上げて、子球を夏の間きちんと保管しない限り、繰り返し花をつけることはない。掘り上げをすれば、ご自宅の庭で毎年チューリップを楽しめるはずだ。そして時々、新しい品種を入手するとよいだろう。

ほんの少しの球根さえあれば、素敵な春の訪れを感じることができる。そんなチューリップをぜひ楽しんでみてほしい。

CONTENTS

チューリップとの出会い

幼い頃、我が家のダイニングルームに、晩餐の場面を描いた静物画がかかっていた。しわくちゃのテーブルクロスの上に描かれた山積みの果物、横たわるキジ、そして飲みかけの、感じのいいワイングラス。巨大な生花は、テーブルクロスにしおれた花びらを落とす。私は、自分のいる世界とはまるで違う、絵の中の世界に魅了されたが、本当に心を奪われたのは、縞模様や羽状模様を持つ花の、燃えるような美しさだった。

私の地元の庭園に、手入れの行き届いた花壇があった。この町が受け継いでいるヴィクトリア朝の伝統に忠実に、深紅と黄色の２色咲きのチューリップの列が、直立不動の姿勢をとり、けばけばしいプリムラを足元に従えていた。ただ、これが静物画と同じ花だとは気づかなかった。私が幼い頃に心を奪われた、あの絵の中の優美な花がチューリップだと知ったのは、20年後、イーストサセックス州にあるグレートディクスターハウスの、クリストファー・ロイドが手がけた庭園を訪れたときだった。

私たちを魅了する、園芸品種の華麗なチューリップは、原種系チューリップ、つまりロシアやカザフスタン、ウズベキスタン、モンゴル、中国の山岳部などの冷涼な地域に自生する野生のチューリップから、品種改良によって作出された。正確な時期は不明だが、何世紀も前に、その地域の原住民が、野生のチューリップに価値があると考え、球根を掘り出して取引するようになった。こうして、チューリップはシルクロードを通って、ゆっくりと西へ進出。じわじわと名声も広まり、16世紀までに、チューリップはトルコのオスマン帝国の中枢にまで達し、帝国の文化に熱狂的に取り入れられた。

原種系チューリップは小型で、類まれな美しさだけでなく、華やかな色合いも持ち合わせている。大半の原種に共通するのは、突然変異を起こしやすく、子孫に変種が生まれやすい性質だ。これにより、植物学上で大きな混乱を招き、ある種が独立した種なのか、それとも別の種の単なる変種なのか、今なお議論が続いている。

変種が無限に生まれるという、この特性は、オスマン帝国の園芸家に歓迎された。彼らはすぐにこの特性を利用して、見栄えのする新しい品種を栽培した。トルコでは、祝祭日を彩る花としてチューリップが広く普及していたために、イギリスの詩人ジョージ・サンディーズ（1578〜1644年）は、その様子を観察して著書『*A relation of a journey begun An: Dom: 1610*（1610年に始まった旅の物語）』でこのように述べている。「外を出歩くと、修道僧と皇帝直属の歩兵軍団からチューリップとトライフルの贈呈を受けずにはすまない」

ヨーロッパではまだ知られていなかったチューリップの人気について、オスマン帝国に駐在する各国の大使は、公文書の中で言及し、母国へ球根を発送した。ヨーロッパでチューリップが初めて観察されたのは、1559年、当時の神聖ローマ帝国、現在のドイツのアウクスブルクにある庭園だと記録されている。オランダで初めてチューリップが開花した年として、公式に認められているのは1594年であり、チューリップはたちまちステータスシンボルとなり、オランダ経済にとって極めて重要な市場となり、現在に至っている。

園芸植物としての球根産業

原種系チューリップは、親と同じ花を咲かせる種子を実らせるが、花をつけるほどに成熟した球根を種子から育てるまでに3年かかる。また、原種系チューリップは無性生殖も行い、匍匐枝を伸ばし、地中深くに新しい、未成熟の鱗茎を複数生じる。

園芸品種のチューリップとなると、話はかなり違ってくる。新しい品種を育種するプロセスは時間がかかり、園芸品種のチューリップがつける種子は、親と同じ花を咲かせるとは限らない。そのため、親の球根（親球）の外側にできる子球（遺伝的クローン）を使って繁殖させる。

チューリップは通常、開花後6〜8週間で球根を掘り上げてよい。子球が見えるように球根から土を払い落としてから、子球をそっとひねるようにして親球から外す。子球に問題がないことを確認したら、夏が終わるまで、自然の生育環境と同じ、涼しく乾燥した場所に保管する。大きな子球は翌年開花するかもしれないが、小さなものは、開花するまでの2〜3年間、苗床で育てる必要がある。園芸品種の親球は、原則として繰り返し開花しないため、子球を取り除いたら処分してよい。

交配によって生まれた試験的なチューリップの中で、商業的な可能性を持つものは、せいぜい数百分の1にすぎない。育種家が新しい品種を市場に出すまでに20年かかり、どんな年であれ、在庫には限りがある。目を見張るほど美しい新品種の開発による、経済的な魅力を別にしても、チューリップの育種家は、作出の取り組みを続けなければならない。なぜなら、現代の園芸品種のほとんどは、たとえ子球による繁殖が可能だとしても、永遠の寿命を持つわけではないからだ。しばらくすると、クローンである子球は徐々に生命力が弱まるため、球根の在庫が減少し、ついにはその品種は消滅する。

また、園芸品種は突然変異という、自然のいたずらにも翻弄される。育種家が単一品種の畑をそぞろ歩いていると、色や形状が親とはかなり違う変種に遭遇することがある。そこで、この偶然の産物に商業的可能性があるかどうかを判断することになる。

新しい品種、つまり突然変異の寿命は予測できない。30年しか生きないものもある。一方で、長年生き延びるものもあるが、とてもまれで、こういう品種のクローンがなぜ老化せず、他のものが老化するのかはまだわかっていない。そのためチューリップ市場は絶えず変化しており、昔からあるお気に入りの品種が手に入らないからといって、新しい品種の入手にこだわりすぎない方がいい。

チューリップの球根は、秋の終わりまで植えないほうがいいが、シーズン（夏の終わりから秋の終わりにかけて）に入るとすぐ球根を注文したほうがいい。一番ほしい品種を確保できるし、人気の新品種は、購入シーズンが始まると同時に、売り切れてしまうことが珍しくないからだ。

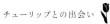

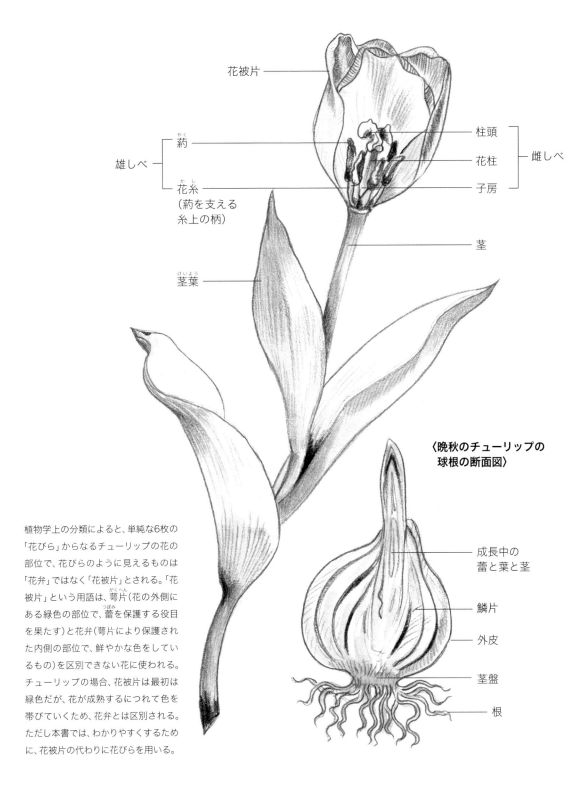

花被片

柱頭

花柱

子房

雌しべ

雄しべ

葯
(やく)

花糸
(かし)
（葯を支える
糸上の柄）

茎

茎葉
(けいよう)

〈晩秋のチューリップの
球根の断面図〉

成長中の
蕾と葉と茎

鱗片
(りんぺん)

外皮

茎盤

根

植物学上の分類によると、単純な6枚の
「花びら」からなるチューリップの花の
部位で、花びらのように見えるものは
「花弁」ではなく「花被片」とされる。「花
被片」という用語は、萼片(がくへん)（花の外側に
ある緑色の部位で、蕾(つぼみ)を保護する役目
を果たす）と花弁（萼片により保護され
た内側の部位で、鮮やかな色をしてい
るもの）を区別できない花に使われる。
チューリップの場合、花被片は最初は
緑色だが、花が成熟するにつれて色を
帯びていくため、花弁とは区別される。
ただし本書では、わかりやすくするため
に、花被片の代わりに花びらを用いる。

品種系統

チューリップは、多種多様な品種が栽培されており、グループ名(またはディビジョン番号)による15系統に分類されている。

オランダ王立球根生産者協会(KAVB)は、チューリップを含む球根の他、球茎や塊茎の品種登録を行う国際機関だ。育種家と生産者は、新しい品種を登録する前に、まず試験用の苗床で育てて成長の様子を観察し、次に在庫を確保してから、新品種として発表する。

以下に挙げたグループは、さまざまな種類のチューリップの特徴を規定し、花型のタイプ、習性、開花時期をわかりやすく述べている。この分類を知っていれば、自分のニーズにふさわしい品種を購入しやすくなり、初春から晩春にかけて、チューリップをうまく咲かせることができるだろう。

一重早咲き系
このグループのチューリップは、6枚の花びらを持つ一重の花を、茎1本あたりに1個つける。花期は早生から中生。
■草丈:20〜35cm

八重早咲き系
このグループのチューリップは、八重の花びらをもつ花を、短く丈夫な茎につける。花期は早生から中生。
■草丈:20〜30cm

トライアンフ系
一重早咲き系とダーウィンチューリップを交配して作出されたグループ。花は、角ばったカップ型の形状で、さまざまな色がある。花期は中生。
■草丈:25〜40cm

ダーウィンハイブリッド系
ダーウィンチューリップと、原種系チューリップ、園芸品種のチューリップを交配して育種された。レッド、イエロー、オレンジ、ピンク系統の、強く華やかな色調の大きな花をつける。花びらに斑や縞が見られるものもある。花期は中生。
■草丈:30〜50cm

一重遅咲き系
このグループは丈が高いため、花壇の見所としてよく植えられる。長い茎に鮮やかな色の花をつける。花期は中生から晩生。
■草丈:25〜75cm

ユリ咲き系
このグループは花の形が特徴的で、花びらは丸みを帯びず、先が尖っている。花期は中生。
■草丈:35〜75cm

フリンジ系
このグループは、花びらの先端を飾る細かい切れ込み(フリンジ)があることから、簡単に識別できる。球根は一重早咲き系の突然変異から栽培され、花期は晩生。
■草丈:20〜75cm

ビリディフローラ系
このグループの花は、ユリ咲き系のものと形状が似ているが、各花びらの根元から先端まで緑色の線が入っていることから、簡単に見分けがつく。花期は晩生。
■草丈:30〜60cm

レンブラント系
このグループは、花びらに縞模様や絞り模様の入った優美な花を咲かせ、オランダ絵画のオールドマスターの作品の中で永遠に生き続けている。特徴的な模様が生まれる原因はウイルスで、他の多くの植物にとっては枯れる原因となる。そのため、このグループのチューリップは、少数の個人収集家がまだ栽培しているものの、球根供給業者からは入手できない。ただ最近は、似たような模様をもつ別系統の品種が開発され、販売されている。

パーロット系
花びらが巻き上がり、波打ち、ひだを作る、華やかで社交的なイメージの系統で、素晴らしい色が揃っている。一重遅咲き系とトライアンフ系の突然変異から生まれ、花期は中生から晩生。
■草丈:30〜50cm

八重遅咲き系

牡丹咲きチューリップとも呼ばれ、満開になると直径が最大20cmにもなり、見事な美しい八重の花を咲かせる。茎は強く、花期は晩生。
■草丈:30〜40cm

カウフマニアナ系

中央アジア原産の*Tulipa kaufmanniana*という学名の原種から作出され、先の尖った花びらを星型に広げて開花する。花期は早生。
■草丈:10〜20cm

フォステリアナ系

中央アジアの山岳地帯を原産とする*Tulipa fosteriana*という原種から作出されたグループ。特徴的な花を咲かせ、花びらは縁に鈍い刃のような凹凸があり、どの花びらも先端が小さく尖っている。葉に縞や斑の模様のある品種もある。花期は早生から中生。
■草丈:20〜50cm

グレイギー系

中央アジアを原産とする原種*Tulipa greigii*から育種され、鮮やかな色合いと特徴的な葉をもつことで知られている。葉には縞や短い筋、斑の模様が入ることが多い。花期は早生から中生。
■草丈:20〜30cm

原種系

自然の環境に自生し、あらゆる園芸品種の親に当たる、植物学上の原種。原種系チューリップのほとんどは、丈が低く、花が小さい。理論上は、適切な場所に植えて放置すれば帰化するが、中には、極めて特殊な生育条件の組み合わせ(特に水はけのよさや夏の乾燥など)が必要な種もある。鉢植えにしたほうが、自然の生育環境を再現しやすく、夏の雨からも守りやすい。

その他

新しい園芸品種が上記のどの分類にもすんなりと当てはまらない場合、その他に分類される。

　上述のグループを掛け合わせた結果、世界で最も美しい花々が生まれた。かつて厄介なモザイク病(植物の外見を変化させる病気として唯一知られるが、必然的に植物を弱らせもする)が原因で生まれた炎のような模様は、今では新しい品種に取り入れられている。彫刻を思わせるパーロット系チューリップは、誇り高い佇まいだ。高くそびえるダーウィンハイブリッド系チューリップは、花壇を輝かせるだけでなく、1〜2年間、繰り返し花をつける。ユリ咲き系は最も優美な花型であり、八重遅咲き系の、フリルたっぷりの牡丹のような品種は、見る人の心をときめかせてくれる。

チューリップの歴史

1735年、スウェーデンの植物学者で医者、動物学者のカール・リンネは、ラテン語を用いた二名法による学名の分類体系を取り入れた。これは、全ての動植物に、それぞれ固有の科学的な分類区分を与えるために考えられた方法だ。植物の特徴を記述し分類することは、それ以前から行われていたが、リンネによる普遍的な体系によって、一貫した方法で確実に種を参照できるようになった。

ただし、リンネが知っていた多くの植物とは異なり、チューリップは謎に包まれていた。古代ヨーロッパで、チューリップに言及した記録は一切なく、ギリシャやローマの植物学者による旅の中でも観察されたことはない。中世の有用植物誌にもチューリップの記録はない。実際、16世紀になるまで、チューリップの存在をほのめかすものは全くなかったのだ。

情報が少なかった理由は、多くの原種系チューリップ（現代の園芸品種の遺伝的祖先）が東方を起源とし、現在のタジキスタンから、ウズベキスタン、キルギス、カザフスタン、トルクメニスタン、中国にわたる、パミール・アライ山脈から天山山脈にかけての人里離れた山岳地帯に自生する、という事実からある程度想像できる。その他の原種は、西アジアと東ヨーロッパの境界付近にあるコーカサス地域や、イラン、トルコ、アルジェリア、モロッコ、イタリア、ギリシャ、クレタ島での自生が観察されている。

現在、記録されている原種系チューリップは300種以上ある。多くは18世紀と19世紀に熱心な植物ハンターによって収集されたものだ。彼らは、未知の新種を本来の生息地で発見したと信じていたが、今では、もっと西方に自生する種の本当の起源はよくわかっていない。DNA塩基配列決定法を使った現代の科学的研究によると、原種系チューリップの実際の総数はわずか76種であることが示唆され、残りは輸入されたチューリップが帰化したもので、東洋のチューリップを親とする単なる変種にすぎないという。

チューリップの旅

チューリップの西洋への旅は、商人とともに、シルクロードに沿って始まった。シルクロードは、東洋と西洋をつなぐ交易路のネットワークで、中国の漢王朝（紀元前206〜後220年）の時代に確立した。当初は、名前の通りもっぱら絹が輸送されたが、しだいに交易の品目が拡大していく。

野生のチューリップの球根に価値があることがわかると、これもまた交易路に入り、ウズベキスタンのサマルカンドやタシュケントなどの市場に輸送され、そこからさらに西へ運ばれていった。

セルジューク朝（現在のイラン、イラク、トルクメニスタンを中心に11〜12世紀にかけて存在したイスラム王朝。以前はセルジューク朝トルコ帝国などの呼称が用いられた）では、12世紀までに、各地のモスクや宮殿を飾るセラミックタイルのモチーフとして、チューリップが人気を博すようになっていた。後に、チューリップはオスマン帝国のモチーフとして採用され、写本や織物、タイル、墓石の他、武器にまでも描かれている。

ムガル帝国とオスマン帝国の支配者はともに、チューリップであふれる庭園を作らせた。その中には、それぞれの帝国の領土を拡大する過程で収集された種もあり、チューリップはオスマン帝国のシンボルとなった。

トルコ人は何世紀もかけてチューリップ育種業における経験を積み、17世紀になると、イスタンブールのチューリップ生産者は、品質と価格、名称を規制するための評議会を結成する。ニードルチューリップ（単色で、尖った細い花びらを持つアーモンド形の花）が最も貴重な園芸品種だったが、18世紀までに2色咲きのチューリップも認知されるようになった。

当時西洋では知られていなかったチューリップという花に、トルコ人が高い価値を見出していることは、16世紀のヨーロッパ人旅行者から見ても明らかだった。フランスの法律家で外交官のフィリップ・カナイエ（1551〜1610年）はトルコを旅行し、トルコ人は「いつもチューリップを手に持っているか、ターバンに挿している」と1573年に記している。また1581年には、オージェ・ギスラン・ド・ブスベック（1522〜92年）という派手な名前をもち、西洋にチューリップをもたらした功績を後に評価されることになる人物が、書簡集の中でチューリップの存在について述べている。

オスマン帝国のスレイマン1世の宮廷で、神聖ローマ帝国大使を8年間務めたド・ブスベックは、チューリップについて数多く言及し、コンスタンチノープルへの旅の光景について詳しく述べている。「私たちがこの地域を通ったとき、スイセンやヒヤシンス、トルコ人がチューリパンと呼ぶ花など、多くの花にあちこちで遭遇した。開花に適した季節とはとてもいえない、真冬に咲いているのを見て驚いた……。チューリップはほとんど香りがないが、美しく、色の種類が豊富なために愛でられている」。彼は律儀に、種子と球根をヨーロッパの母国に発送した。

トルコ語でチューリップを表す単語はlâleである。この植物が *Tulipa*（トゥリパ）という学名を与えられた詳しい経緯はよくわかっていないが、通説によると、トルコ語のturban（ターバン）という単語に関係がある。ターバンに似た花の形状を指しているのか、それともトルコ人がターバンに挿していた花の名前を尋ねたことから、翻訳に混乱が生じたのかは不明だ。また、いつ、どのようにしてチューリップがヨーロッパに到達したのかも、正確にはわかっていない。

スイスの医者で博物学者のコンラート・ゲスナーは、1559年に初めてチューリップを記述し、描いた人物として認められている。ドイツのアウクスブルクでチューリップを見た彼は、著書『植物誌』で「*Tulipa turcarum*（トゥリパ トゥルカルム）」について記した。後にリンネはゲスナーに敬意を表し、本種を *T. gesneriana*（ゲスネリアナ）と命名した。

ヨーロッパにおけるチューリップ栽培

フランスの医者で植物学者のカロルス・クルシウス（1526〜1609年）は、園芸品種のチューリップの初期の振興と発展、およびヨーロッパ全土への普及に重要な役割を果たした。

彼は1573年に、神聖ローマ帝国皇帝マクシミリアン2世の命により、ウィーンに植物園を設立するために招かれた。本草学は最も古い科学分野の一つであり、薬理作用を明らかにするために、医者が植物を研究してきた長い歴史があったものの、植物学が研究する価値のある学術的な科目だという概念は新しいものだった。

クルシウスはウィーンで、前述のオージェ・ギスラン・ド・ブスベックに出会い、ド・ブスベックがコンスタンチノープルから送ったチューリップの種子を見せてもらった。クルシウスがチューリップを見たのはこれが初めてではない。これ以前に、チューリップは「美しい品種が目を楽しませてくれる」と報告し、食料としてなんらかの価値がないかと、味見までしていたのだった（実際にはほとんどのチューリップの球根は食べられず、重大なアレルギー反応を引き起こす可能性がある）。このときの種子と、ウィーン滞在中に入手した他の種子から、クルシウスはチューリップの繁殖と栽培についてさらに学ぶことができた。その情報をヨーロッパ各地の知人のネットワークと共有し、300人以上もの同好の植物愛好家と熱心に文通して、種子から開花までの発育（最長6〜7年かかるプロセス）の詳細を語り、貴重な種子や球根を交換した。1589年、ドイツの医者で植物学者のヨアヒム・カメラリウスに次のように書いている。「花をつけたチューリップの球根を友人に配っているが、その数が200から300個にならない年はない」。

こうして、チューリップという新しい植物の栽培に関する情報は、園芸家から園芸家へと伝えられ、チューリップの特徴と変種が明らかになった。

　1592年、クルシウスは、ホラント地域（現在のオランダ西部）南部に新設されたライデン大学に、植物園を設置するために招かれた。1593年に、チューリップの球根の大量のコレクションを携えて現地に移り住み、そのチューリップが1594年に開花した。

　この年代は重要である。というのも、それ以前にもアムステルダムでチューリップが開花していたことが知られていたが、オランダで初めてチューリップが開花した（実に重要な出来事だ）年として一般に認められている記録は、クルシウスの植物園のものだからだ。彼のような植物学者が流行に拍車をかけ、彼らが栽培した球根の希少価値の高さから、チューリップは確実にステータスシンボルになった。

　今ではチューリップはとても親しみ深い植物になっているため、当時のチューリップが引き起こした熱狂を理解するのは難しい。当時のチューリップは珍しく、収集家のアイテムであり、そのために珍重されただけでなく、どの花よりも高く評価された。バラやナデシコ、スイセンなどの花は、チューリップの比類なき美しさと見事な色合いに比べると、見劣りすると考えられていたほどだ。中でもクルシウスの文通相手が1580年代に報告した、縞模様や羽状模様の、いわゆる「色割れチューリップ」（ブロークン）が一番もてはやされた。

　クルシウスは植物の商取引を嫌い、1594年に次のように述べている。「このようにチューリップを追い求めることは、結局は品位を下げることになるだろう……なぜなら、商人や職人、質の低い労働者までもが関わっているからだ。そのうち、金持ちが、珍しい小さな植物を所有していると友人に自慢したいがために、その植物と引き換えに大金を手渡すことがわかっているからだ」。

　彼は自分の所有する希少で貴重な球根を1個たりとも売らなかった。おそらくその結果として、1596年に2度、1598年に1度の合計3度、球根の盗難被害に遭っている。窃盗は横行し、植物園や、個人が注文して作らせた庭園からチューリップが盗まれ、人々は庭園で番犬を飼ったり、使用人に武器を持たせて夜の庭園を見張らせるようになった。

　球根の生産が儲かる商売になるらしいとわかると、17世紀初期のオランダに多くの育苗会社が誕生する。1630年代までに、オランダのほとんどの町には育苗会社があり、チューリップは、初めて紹介されてから50年も経たないうちに、オランダの第4位の輸出品となっていた。オランダは、最も重要なチューリップ栽培国となり、その活動の中心は、球根栽培に理想的な砂質土壌のホラント地域だった。素晴らしい品種の生産に成功すれば、ひと儲けできた一方で、チューリップ栽培業は時間がかかるために、供給が需要に追いつかなかった。商取引を駆り立て、球根の価格を急騰させたのは、まさにこの供給不足が原因だったのである。

　現在のオランダ王国の原型となったネーデルラント連邦共和国は、1581年に成立し、すぐに世界貿易を牛耳るようになる。オランダ東インド会社が1602年に設立されると、デルフト、ハールレム、アムステルダムなどの港湾都市で、国際貿易が大幅に増加。急成長する植民地から輸入された砂糖とタバコを精製する、新しい産業が登場した。

　権力と金は、もはや地主階級だけのものではなく、やりくり上手な商人の手中にあった。商人は概して派手な金遣いを避けていたが、チューリップを所有していることが裕福の象徴となった。球根は、まだ価格が上がっていたため、投資とみなされる点もさらに好都合だった。

　チューリップの地位が急上昇したのは、1580年から1670年まで続いたオランダ黄金時代だ。貿易と工業の繁栄の時代であり、経済的な豊かさを受けて芸術と科学が発展した。画家は静物画などのジャンルを通じて、自然界をじっくり観察することに関心を高めるようになり、チューリップは人気の題材だった。中でも羽状模様や炎模様のチューリップが好まれ、チューリップにまつわる一般的な騒動に拍車をかけることになる。途方もない話に思われるだろうが、チューリップの球根の価格が上昇するにつれ、チューリップの絵を依頼する方が、本物を購入するよりも安くついた時代だったのだ。

色割れチューリップ
（モザイク病）

ぎっしりと植え付けたチューリップの中から、時々「色割れした」貴重な個体が無作為に現れることがあった。このような変異を生じる原因は、オランダの栽培家にも誰にもわからなかった。色割れしたチューリップの種子からは、同じ模様をもつ個体は育たないが、球根の子球を育てると、親と同じエキゾチックな模様が再現される。見た目の良さを別にしても、正に希少価値のためにますます人気が高まり、あまり丈夫でないことは問題にならなかった。

カロルス・クルシウスは『*Rariorum plantarum historia*（稀産植物誌）』（1601年）の中で次のように観察している。「元の色をこのように変化させるチューリップは、いずれも後で枯れてしまうのが常だ。まるで最後のいとまごいをするかのように、枯れる前に、主人の目をさまざまな色合いで楽しませるためだけに求められている」

実は、チューリップの球根を新鮮な用土に植え替えると、このような外見の変異がより多く発生することに栽培者は気づいていた。そこで、チューリップを「色割れ」させようと、あらゆる工夫が試みられる。ハトの糞を肥料に追加した用土に植えてみたり、古い壁のしっくいを加えたり、粉末塗料を用土にたっぷり振りかけることまで行われた。また、赤い花の球根と白い花の球根を半分に切り、それぞれを半分ずつ組み合わせて結べば、色割れが発生しやすくなるのではないかとも考えた。しかし、そんな栽培方法はいずれも効果がなかった。1637年、オランダ人聖職者のジョドカス・カッツは、ペストの時代に「開花病あるいは草花栽培家病」とでも呼ぶべきもう一つの病が発生している、と記している。この時は、ペストが生物を媒介して伝染する病気であることを、まだ誰も知らなかったのだから、「美しい羽状模様の原因は、同じように伝染する病気ではないか」と考えが及ばなかったのも無理はない。色割れが発生する原因は、もっと後になるまでわからなかった。

菌類学者のドロシー・ケイリー（1874〜1955年）は、イギリスのジョン・イネス・センターでチューリップの色割れを研究した。掘り上げた球根を休ませている間に、色割れしたチューリップの球根から採取した細胞繊維を、普通の球根に移植して埋め込み、色割れを人為的に引き起こせるかどうかを調べた。すると、翌年に開花した花の4分の1以上が色割れし、その度合いは、移植された細胞繊維の量と比例するようだった。ケイリーは、1927年に、チューリップにおける色割れはウイルスが原因であり、アブラムシが媒介してウイルスを伝染させると結論づけた。この理論は、さらなる研究によって1930年代に裏付けられている。

問題のアブラムシは*Myzus persicae*（ミズス ベルシカエ）で、グリーンピーチ・アフィドやピーチポテト・アフィドという英名でも知られる。モザイク病などのウイルスを伝染させる媒介生物であり、今日では、アメリカなど多くの国々で農業害虫に挙げられている。キャベツなどのアブラナ科や、ジャガイモやカボチャなどのナス科の農作物に被害を与えるほか、モモの木にも有害だ。17世紀の庭園の多くでこうした作物が植えられており、アブラムシの幼虫は、チューリップのみずみずしい葉を食べて、それと同時にウイルスを伝染させたのだ。

ウイルスが伝染した植物の価値が高まる例は、チューリップの色割れ以外には知られていない。「センペル・アウグストゥス（無窮の皇帝）」は、白地に深紅の炎模様が入ったチューリップで、フランスで種子から育てられ、1614年に販売された。その独特の模様は、今ではモザイク病が原因だとわかっているが、当時は至高のチューリップとみなされたのである。

オランダの年代記編者ニコラース・ファン・ヴァッセナールによると、1624年に存在した「無窮の皇帝」の球根は12個しかなく、その全てをたった1人の人物が所有していた。平均年収がわずか150ギルダーだった当時、球根1個が1200ギルダーで販売されている。1636〜37年に市場がピークに達したとき、手に入る球根があったかどうかは全く別の問題として、投機家の見積価格は球根1個につき1万ギルダー（現在の1500万円以上）だった。

チューリップ狂時代

金になるにもかかわらず、チューリップの球根は正式な商品市場で取引されなかった。そのため、チューリップを栽培し販売する商人は、全国各地の酒場に集まって球根を売買した。販売できるのは球根の休眠期である夏に限られたため、開花した花は見られない。この問題を解決するため、画家で育種園主でもあるエマヌエル・スウェールツは、イラスト入りカタログという新しいアイデアを思いつき、1612年にフランクフルトで『*Florilegium Amplissimum et Selectissimum*（花譜）』を出版する。このアイデアは人々の興味をそそったが、大半の栽培者は独自の品種を栽培するのに熱心だったため、あまり利用されなかった。オランダの栽培者の中には、販促ツールとして利用するために、独自の園芸品種のイラスト入り写本を委託した人もいたが、価格は記されていなかった。

1633年までに、球根の供給不足はある程度解消されていた。新しい、エキゾチックな名前のついた園芸品種が過剰に存在したからである。推定で500品種が育種され、中には比較的人気の高いものもあった。栽培者はありふれた品種を割引価格で販売し、在庫を行商人に売り払って販路を広げ、新しい顧客に市場を開いた。しかし翌年には、平凡な球根の価格さえ着実に上昇し、財力のある者は誰もが球根に投資していた。1636年までに、価格は1週間で2倍になり、球根取引は一攫千金のチャンスだという噂が流れ始めた。これは大規模なギャンブルであり、最も価値のある品種が法外な価格になるにつれ、安い球根の取引に対する関心が高まっていく。

数年間再投資を繰り返せば、かなりの利益が蓄積されることを前提にして、ますます多くの人々が、球根取引に参加するために、手に入れられる資金を手当たり次第募り始めた。

チューリップは従来、夏の間に取引されていたのに対し、親球から生じ、成熟するまで数年かかる子球の取引は、もっと柔軟に行われた。1635年までに、商人は店で球根や子球の現物を取引するのではなく、まだ土の中にある子球を、投機的な約束に基づいて販売するようになっていた。もちろん、土の中にある子球は納品できないため、代わりに約束手形を発行して、子球が掘り上げられたときに決済されることを保証した。

子球は植え付けたときの重量で取引された。この方式は、球根の成熟度をある程度反映しており、理論上、掘り上げ時には球根の重量が増えるため、価値が高くなる。球根の重量はアース（約0.05g）という単位で表され、1万アースは約500gで、地域によってわずかな変動があった。約束手形には、品種、重量、掘り上げ予定日が書かれていた。この商慣習は厳密には違法だが、商品市場の対象ではなかった球根取引には、価格を固定したり、取引方法を規制する手段が全く整備されていなかったのである。

専門家は、球根を観察することでその品質を判断できたが、この新しい投機市場では、球根を検査できないどころか、そもそも球根が存在しない可能性さえあった。買い手は球根の全額を払うほどの金を持ち合わせていなくても、手付金を払って約束手形を手に入れ、利益を上乗せして転売できた。全額の支払い期限は、夏に球根を掘り上げ、計量するときだったからである。

このように、球根は約束手形に基づいて先物市場で取引され、次々に転売された。また、通信手段が乏しかったために定価はなく、球根の価格は町ごとに変動した。

1636年の秋までに、チューリップの熱狂的な取引が始まっていた。取引のピーク時には、1個の球根が1日10回転売されることもあったという。うまく売り抜けた人たちのそれぞれが、身近にいる大切な人に「同じようにやってみたら」と勧めるのだった。

よく例に挙げられる「スウィツァー」は、赤と黄色の2色咲きの人気のチューリップで、アース重量で販売されても全く味気ないが、それでも1636年の秋に1万アース（約500g）あたり60ギルダー（現在の11万円）の価格がついた。市場がピークに近づくと、同じ「スウィツァー」の価格は、1万アース（約500g）あたり1500ギルダー（現在の270万円）に達した。

1637年2月の初めにハールレムで開かれた栽培者のオークションで、市場のムードが一変する。参加者の入りはなかなか良かったが、何か漠然とした変化があった。競売人が前日に達したばかりの価格で球根を提示しても、全く付け値がつかなかったのだ。価格を下げても、参加者は興味をそそられない。不穏な沈黙が流れた。

突然警戒感が表面化した理由はわからないが、ハールレムで市場が崩壊したという話は野火のように広がり、数日中にチューリップの球根市場は消滅した。クルシウスが軽蔑した商売は崩壊したのだった。取引業者は連鎖的な負債にとらわれ、債務者に借金を返済する手立てはなかった。チューリップ熱はオランダ経済を完全に打ちのめした、という論調が時々見受けられるが、それは事実とは異なる。ただし、取引に携わった人の中には、一儲けした幸運な人もいれば、不幸にも生涯にわたる借金を背負うことになった人もいた。

1637年4月の終わり、ホラント裁判所は、債務の事案を地方レベルで処理すべきだと判決を下す。事案を調査する間、全ての契約を停止し、法律家と公証人は、チューリップ取引に関連するいかなる事案の令状も発行しないよう命じられた。数年間は争い事が尾を引いたものの、法廷に出頭を命じられた債務者はごく一部だった。

多くの栽培者は廃業したが、事業を続けて新しいビジネスチャンスをつかんだ者もいる。投機バブルが弾けたとはいえ、球根に対する関心はまだ十分あり、最も価値の高い球根は、以前より用心深く転売され、1個あたり300ギルダー（現在の約54万円）あまりで売買された。

オスマン帝国のアメフト3世（1673〜1736年）が生み出した、チューリップに対する新たな情熱を満足させるため、チューリップはトルコにまで輸出された。1703年から1730年の彼の治世は「チューリップ時代」と呼ばれる。

ネーデルランド共和国における、チューリップ市場の劇的な成長と崩壊のニュースがヨーロッパ全土に広まるにつれ、チューリップを見たいという人々の需要に応じて、輸出市場が出現する。オランダの市場優位が深刻に脅かされたことはなかったが、ベルギーのフランデレン地域や、イギリスとフランスの愛好家は、新しい品種の育成に熱心に取り組んだ。そんな中、胸が躍るような品種を開発したのは、またしてもオランダだった。

ヤーコプ・ハインリヒ・クレラーへ（1824〜1901年）は、1885年に購入したチューリップの中から、ダーウィンと呼ばれる新しい系統のチューリップを作出し、1889年のパリ万国博覧会で発表した。草丈が高く丈夫なダーウィン系チューリップは、チューリップ販売を再び急騰させるとともに、ヴィクトリア朝様式の多くの花壇の主役になった。

J.H.クレラーへは、おそらくアレクサンドル・デュマの小説『黒いチューリップ』に着想を得て、1891年に「ラ・トゥリペ・ノワール」も発表した。デュマの小説は、ハールレム園芸協会が黒いチューリップの品種開発に懸けた、多額の賞金をめぐる物語で、現実の多くの園芸家を小説と同じ目的に駆り立てた。ただし「ラ・トゥリペ・ノワール」は、実際には黒ではなく、暗い紫の色調だ（1997年に発表された「ポールシェラー」が現時点で最も暗い色だと考えられている）。

イギリスにおける
チューリップの歴史

イギリスでは、1787年に植物画雑誌『カーティス・ボタニカル・マガジン』の第1号が、発行部数3千冊で創刊されている。現在も同じ名前で年4回発行されているこの雑誌は、アマチュア園芸愛好家に「最も多くの外国の観葉植物」を紹介することが狙いだった。美しく緻密な挿絵が特徴で、キュー王立植物園の植物学者と連携して正確を期した。

この雑誌の影響を受け、植物学者と草花栽培家（後者は娯楽として植物を育てる専門家を指す）は、特定の種類の花における理想的な品種を栽培することに取り組んだ。

園芸という新しい娯楽は社会階級を問わず、肉体労働者が熱心に取り組んだ。家庭で栽培することを強く勧められ、庭や市民菜園の区画を持っていれば誰でも始められた。草花栽培家たちが結成した団体は、パブ（イギリスの酒場）で集会を開き、さまざまな植物の長所を話し合い、種子や球根を交換し、品評会を企画した。この方法により、普通ならチューリップの球根を買えない人でも、新しい品種の育成に携わることができたのである。

草花栽培家（フローリスト）の団体による活動が、全国紙や地方紙で報道されると、さらに関心が高まり、19世紀半ばまでに、イギリス各地に草花栽培家協会が設立される。ロンドンのチェルシー薬草園の園長フィリップ・ミラーは、1724年に出版された『The Gardener's and Florist's Dictionary（園芸家と草花栽培家の事典）』の中で、イングリッシュ・フローリスツ・チューリップの基準を記している。「茎は高くて丈夫。花の下部は上部と釣り合い、上部は丸みを帯び、尖っていないこと。縞模様は小さく規則的で、かなり下の方から生じていること」

最も有名なイギリスの草花栽培家（フローリスト）の一人、トム・ストラーは鉄道の整備士で、チューリップを線路の盛り土に栽培した。彼が育種した3つの新品種は、仲間のチューリップ愛好家やパトロンの名を借り「ドクター・ハーディ」、「サム・バーロー」、「ダービー伯爵」と命名された。サム・バーロー自身は、キャッスルトンのステイクヒル漂白工場で見習いとしてキャリアをスタートし、最終的に会社のオーナーになる。彼は大金を費やして、イングリッシュ・フローリスツ・チューリップの膨大なコレクションを築き上げ、新しい品種を他の誰も所有できないように、全在庫を買い上げることも厭わなかった。

1870年代になると、草花栽培家（フローリスト）協会の会員は激減する。サッカー協会による史上初のトーナメントが1871〜2年に開催されたのは全くの偶然かもしれないが、存続したのは、ウェイクフィールド・アンド・ノース・オブ・イングランド・チューリップ協会だけだ。同協会は、珍しい、歴史的な球根を保存し、貴重な色割れチューリップを今も栽培している。ただし、モザイク病に感染した球根の販売は、二次感染を防ぐために禁止されており、余った球根は協会の会員に配布するが、市販はしていない。

現在のチューリップ

19世紀の終わりから20世紀半ばにかけて、イギリスの栽培者が勝負を挑んだものの、チューリップの球根栽培でも切り花市場においても、オランダの栽培者が今もなおトップに立つ。結局は勝負にならず、アメリカ人でさえ、チューリップの大半をオランダから輸入している。今日、オランダの国土のほぼ半分が球根畑に当てられており、その半分が、促成栽培のチューリップの生産に使われている。オランダは年間およそ20億個のチューリップを生産し、花と球根の輸出における世界1位の座を維持している。

現在私たちが目にする、縞模様をもつ園芸品種は、数世紀にわたる交配の産物であり、育種に成功した最新の品種の遺伝子と、別の品種の遺伝子とが、受粉によって交配されている。発表された新しい品種は数千にのぼり、チューリップは、理想的な栽培条件を再現する最先端の施設で育てられている。この類まれな花についての知識が深まっても、繁殖のプロセスはあまり変わっていない。育種家は、絵筆やピンセットを使って、特定の品種の葯から花粉を丁寧に採取して、別の品種の子房に移動する。実った種子を収穫し、最終的な結果が開花として現れるまで6〜7年間育てる。

そのようにして交配された数十万のチューリップの中から、価値のある新しい品種が5種類でも生まれれば運が良いだろう。新品種の発見の瞬間が、どれほど感動的かは容易に想像できる。しかし、たとえ新品種が見つかったとしても、品種の成長能力を証明するために試験を行い、子球を増やして在庫を蓄積してからでなければ、市場に発表できない。もし、他の育種家が同じような花の栽培に成功し、先に発表してしまえば、全て水の泡になる可能性もあるのだ。

今度、うっとりするほど美しいチューリップに出逢ったら、その花が数世紀におよぶ育種の産物であることを思い出してほしい。あなたの目の前に咲き誇る優美な花を生み出すために、努力を重ねた歴史上の人々に敬意を払おう。

THE CLASSIC BLOOM
バリエーション豊かな花型

Mondial
モンディアル

小さく、完璧な形をしたこのチューリップは、春半ばに突然生命力をみなぎらせ、牡丹を思わせる優美なカップ形の花を咲かせる。

緑色の蕾は先端が乳白色で、開花すると、雪のように白く、紙のような質感の花びらが現れる。花の中心部では、花びらの根元がカナリアイエローに染まり、まるで暖かなひだまりが花を内側から照らしているよう。花糸は浅緑色で、その先端に、硫黄色（緑を帯びた明る

い黄色）の花粉をまぶした、鮮やかな黄色の葯がついており、クリーム色の波打つ彫刻のような柱頭が、緑色の花柱から突き出す。硬く、直立した葉は、花を支えて、風と春雨を凌いでいる。

'モンディアル'は、微かな心地良い香りをもつため、小道の縁沿いやテラスの近くに植えると、見た目の美しさと一緒に香りも楽しめる。

[分　　類] 八重早咲き系

[花　　期] 中生

[日当たり] 日向

[用　　土] 肥沃で水はけの良い用土

[植え付けの深さ] 17cm

[球根の間隔] 10cm

[平均草丈] 20〜30cm

[相性の良い植物] スイセン属'アクタエア'やワスレナグサ属のミオソティス シルバティカ *Myosotis sylvatica*（エゾムラサキ）

[切り花として] とても美しいが、茎が短い

[休眠処理] 可

[類似の品種] 'グローバルデザイヤー'（八重早咲き系）、'マウントタコマ'（八重遅咲き系）

Flaming Margarita

フレーミングマルガリータ

極めて美しいこのチューリップは、ラズベリー色の繊細な羽状模様が入ったフリルのような白い花びらがぎっしり詰まっている。生命力にあふれているが、紛れもなく優雅なチューリップで、華やかな品種さえも見劣りしてしまうような、目を引く美しさがある。

'フレーミングマルガリータ'の緑色の蕾は、淡いピンクの羽状模様が入ったクリーム色に変わる。成熟するにつれ、花びらは白くなり、根元にある、黄色い斑から

伸びる羽状模様は、暗い色を帯びて鮮明なラズベリーシャーベット色になる。葯は黄色で、緑色の雌しべは、マツヨイグサのような淡黄色の柱頭を乗せている。湾曲した花びらは徐々に開き、ソーサー(ティーカップの受け皿)形の見事な花に開花する。

このチューリップは、家庭に飾る切り花としておすすめだ。微妙なニュアンスを心ゆくまで味わおう。

[分　　類] 八重早咲き系

[花　　期] 中生

[日当たり] 日向

[用　　土] 肥沃で水はけの良い用土

[植え付けの深さ] 17cm

[球根の間隔] 10cm

[平均草丈] 30cm

[相性の良い植物] Myosotis sylvatica（ミオソティス シルバティカ）(白、ピンク、青のエゾムラサキ)やNigella damascena（ニゲラ ダマスケナ）(クロタネソウ)

[切り花として] 秀逸で、切り花として栽培されている

[休眠処理] 可

[類似の品種] 'ダンスライン'(八重遅咲き系)

China Town
チャイナタウン

'チャイナタウン'は、モスグリーン、ペールライム、灰緑色、シェルピンク、ごく淡い桜色といった繊細な色調を取り混ぜて、微に入り細を穿つように描かれた傑作だ。

灰緑色の葉が白で縁取られていることが特徴的だが、緑と白で彩られた蕾が現れると、変容の準備が整う。花は優雅そのもので、花を支える茎は完璧な弧を描いて湾曲し、直立不動の姿勢とは無縁の、気品ある美しさを醸し出す。緑の炎模様は花びらの先端に向かって伸び、ほとんど気づかないほどの、微かな黄色と杏色ににじみ出してから、桜色に変わる。花が成熟するに

つれて色あせ、バターのようなほのかな黄色が入り混じる。花の中心部では、濃い緑色の雌しべに、浅緑色の波打つ柱頭が乗り、細い糸状の雄しべはコッパーカラーをまとう。繊細な外観とは裏腹に、かなり丈夫で長期間花を咲かせる。ボーダー花壇の前列や、小道に沿った縁取りとして、あるいはコンテナに植えるのがおすすめだ。

'チャイナタウン'は、A.W.カプテイン＆サンにより1988年に登録され、1995年にイギリス王立園芸協会の栄誉あるガーデンメリット賞を受賞した。

[分　　類] ビリディフローラ系
[花　　期] 晩生
[日当たり] 日向または半日陰
[用　　土] 肥沃で水はけの良い用土
[植え付けの深さ] 20cm
[球根の間隔] 10cm
[平均草丈] 30cm
[相性の良い植物] 柔らかな中間色のピンクのチューリップと合わせると完璧。または*Stachys byzantina*（ラムズイヤー）を前に植えよう
[切り花として] とてもほのかな色合いなので調和しやすく、気まぐれな色調の変化を楽しめる
[休眠処理] 不可
[類似の品種] 乳白色、赤、緑の3色からなるビリディフローラ系の'フレーミングスプリンググリーン'

Apeldoorn
アペルドールン

古典的なチューリップ‘アペルドールン’は、真っ赤に輝く鮮やかな花が、ボーダー花壇にドラマチックな色を散りばめる。あでやかな色に加えて高い草丈が印象的な、チューリップのスーパーモデルだ。一方で、1951年に遡る家系に属する、チューリップ界の大御所でもある。その華麗な花と、掘り上げなくても数年間開花を繰り返すという特徴から揺るぎない人気がある。さらに、丈夫な茎に支えられた花は、葉の間からすっくと立ち、風雨にかなりさらされても傷まない。

‘アペルドールン’の蕾は緑色だが、花びらはその後、鮮烈で暖みのある見事な赤色に染まる。各花びらの根元にある黒い斑は、黄色の細い線で縁取られている。雄しべは真っ黒で、雌しべはクリームのような淡黄色。特大の花が開花すると、上部が平らの美しいカップ形になり、直径13cmに及ぶこともある。

ダーウィンハイブリッド系のこのチューリップは、D.W.レフェバー＆カンパニーにより育種され、1951年に発表された。レフェバーは、オランダ南ホラント州リッセの出身で、ダーウィン一重遅咲きと、*Tulipa fosteriana*（トゥリパ フォステリアナ）‘マダムレフェバー’を交配して、1943年に初のダーウィンハイブリッド系チューリップを作出した。

[分　　　類] ダーウィンハイブリッド系
[花　　　期] 中生
[日当たり] 日向
[用　　　土] 肥沃で、特に水はけの良い用土でよく育つ
[植え付けの深さ] 15〜20cm
[球根の間隔] 10〜15cm
[平均草丈] 40〜50cm
[相性の良い植物] 柔かな輝きをもつ赤と黄の2色咲きのチューリップ‘アメリカンドリーム’など、他のダーウィンハイブリッド系と寄せ植えしよう
[切り花として] 華やか
[休眠処理] 不可
[類似の品種] チェリーレッドの‘アクロポリス’

Super Parrot
スーパーパーロット

ほとんどのパーロット系チューリップが、目を見張るようなあでやかな色を誇るのに対し、'スーパーパーロット'は格段に控えめな色使いだ。

螺旋を描くように輪生(植物の葉が螺旋を描くように等間隔で茎についていること)する灰緑色の葉は、肉厚で波打ち、その中から、緑と白で彩られた蕾が姿を現す。蕾が割れると見えてくる、雪のように白い花びらは、モスグリーンや、萌葱色、若草色、黄緑色の舌状斑からなる羽状模様に染まっており、ねじれたり巻き上がったりして、彫刻を思わせる見事な形を作る。縁には裂けや、鋸状、ほつれ状、フリンジ状の飾りがあり、オートク

チュールの優雅な服の仕上げに、荒いパンクファッションを取り入れたかのようなミスマッチ感が魅力。花は成熟するにつれ、エキゾチックな鳥の翼のように、白い花びらを大きく広げる。花の中心部にある小さな緑色の雌しべは、先端にさわやかなレモン色の柱頭をつけ、硫黄色の雄しべにぐるりと囲まれている。全体として高級感にあふれた、とても美しい佇まいだ。

'スーパーパーロット'は、オランダの育種会社M.ボーツ・ブルームボーレンセレクティー社により1998年に登録された。

[分　　類] パーロット系
[花　　期] 中生から晩生
[日当たり] 日向
[用　　土] 肥沃で水はけの良い用土
[植え付けの深さ] 17cm
[球根の間隔] 10cm
[平均草丈] 40cm
[相性の良い植物] *Leucojum aestivum*(スノーフレーク)。または見事な茂みを作る*Euphorbia characias*の中に植えよう
[切り花として] 非常に高級感がある
[休眠処理] 不可
[類似の品種] 緑色の羽状模様があるが、ほつれ状の縁取りが少ない'ホワイトパーロット'

Tulipa tarda

トゥリパ タルダ

この小型のチューリップは、チューリップ属が極めて多様性に富んでいることを示す好例だ。中央アジアの天山山脈が原産で、適切な場所に植えれば、毎年元気に花を咲かせて自然播種するため、株が増えていくだろう。

ピンクを帯びた緑色の蕾が割れると、きらめくような白と黄色の花びらが現れる。完全に開花した花は、とても鮮やかなために、一見、硫黄色に見えるが、花びらの先端は白で、根元から大きな黄色の炎模様が広がっている。雄しべと雌しべも黄色で、太陽のように明るい花だ。草丈は低いが、時には20cmに達することもある。1株が最大で8個の花をつけ、花を取り巻く葉が鮮やかな色合いを完璧に引き立てる。甘くかぐわしい香りにも恵まれているが、茎が短いため、手と膝を地面ついて楽しむことになるだろう。

Tulipa tarda は、1993年にイギリス王立園芸協会のガーデンメリット賞を受賞し、学名が示唆する通り、遅咲きのチューリップだ。原産地を考慮して、特に水はけに注意を払えばよく育つため、花壇の前列やトラフ（元々は石製の飼い葉桶[＝トラフ]に穴を開けて園芸に転用したもの。現在では軽石やコンクリートを素材とし、ロックガーデンや高山植物の栽培によく用いられる）などに植えるときに、周囲の土に砂を混ぜるとよい。

[分　　類] 原種系
[花　　期] 晩生
[日当たり] 日向
[用　　土] 肥沃で水はけの良い用土
[植え付けの深さ] 10cm
[球根の間隔] 7.5cm
[平均草丈] 5〜10cm
[相性の良い植物] 単独で植えて楽しもう
[切り花として] 茎が短いため向かない
[休眠処理] 不可
[類似の品種] 少し草丈が高く、白地で中心部が黄色の花をつける *Tulipa turkestanica*

トゥリパ オルファニデア・ハゲリ［左］、トゥリパ タルダ［上］

アプリコットビューティー［上］、デイドリーム［右］

Danceline
ダンスライン

繊細な外観ながらも、茎は驚くほど丈夫で、育てやすい。ボーダー花壇でも花びんでも見栄えのする、精美な花だ。

蕾は、羽状模様の入った緑色だが、開くと、乳白色の花びらが作るフリルたっぷりのペチコートが現れる。花びらの先は浅くくぼみ、繊細な筆触のラズベリーピンクの筋が入るものもある。外側の花びらはクリーム色

で、緑色の美しい羽状模様で飾られる。成熟するにつれ、ボリュームのある、牡丹に似た豪華な花になり、花びらはほんのりピンク色に染まる。葯は黄色だが、十分に成熟するまで、巻き上がった花びらの陰に隠れている。このチューリップは、茎が強いとはいえ、花が重いので、風雨を避けられる場所の方がよく育つ。

フェルチュコ社により2006年に登録された。

[分　　　類] 八重遅咲き系
[花　　　期] 晩生
[日当たり] 日向か半日陰
[用　　　土] 肥沃で水はけの良い用土
[植え付けの深さ] 15〜17cm
[球根の間隔] 10cm
[平均草丈] 44〜50cm
[相性の良い植物] *Myosotis alpestris* 'ホワイト'（ノハラワスレナグサ）や、*Alchemilla mollis*
[切り花として] 秀逸
[休眠処理] 不可
[類似の品種] 白地にピンクの縁取りがある一重の'トゥーカン'や、'フレーミングマルガリータ'

フォックストロット［上］、ネグリタ［右］

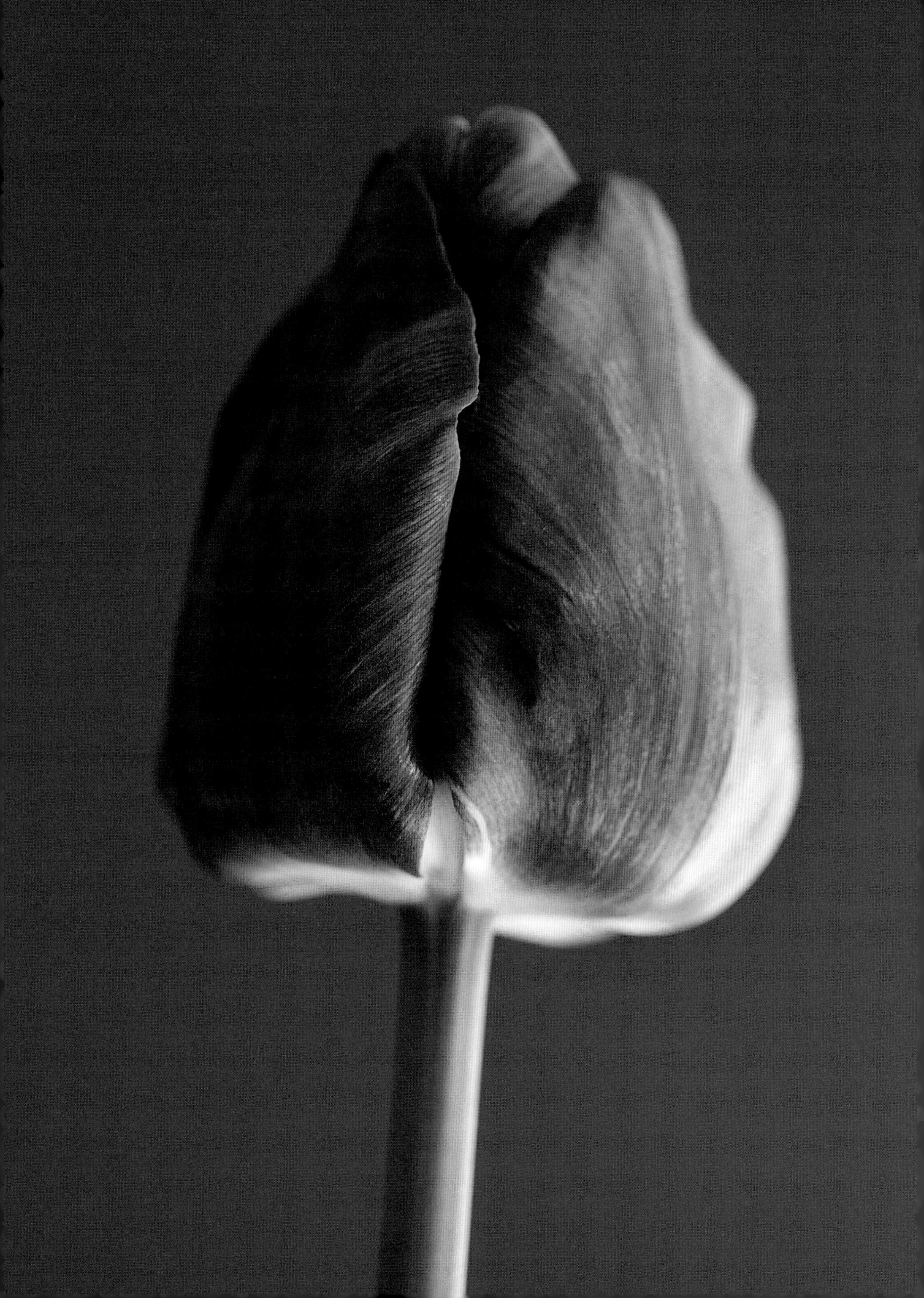

ノースキャップ

Greenland
グリーンランド

このチューリップのピンクと緑の色合いはまるで、細いクレヨンを使って花びらの一枚一枚に手描きでグラデーションをつけ、繊細な線の模様を描いたかのよう。

緑の蕾が割れると、薄紅色の薄片が現れる。花はくすんだ薄紅色で、ビリディフローラ系に特有の緑の炎模様が、花びらの根元から先端まで入っている。花が成熟するにつれ穏やかな色調になり、緑の筋は黄色に、淡紅色は暖かみを増す。花の内側も精緻で、柔らかな

中間色の緑や淡いサンセットイエローの舌状斑を、赤みがかったピンクや、ほのかなピーチカラーが引き立てている。雄しべは長く黒色で、雌しべの先端には、フリルを彫刻したようなクリーム色の柱頭がある。

'グローエンランド'とも呼ばれる'グリーンランド'は、昔からある有名な品種で、J.F.ファン・デン・ベルフ＆サンズにより育種されて1955年に登録され、今なお生命力が衰えていない。

[分　　　類] ビリディフローラ系
[花　　　期] 晩生
[日当たり] 日向
[用　　　土] 肥沃で水はけの良い用土
[植え付けの深さ] 17cm
[球根の間隔] 10cm
[平均草丈] 45cm
[相性の良い植物] *Lunaria rediviva* (ルナリア レディビバ)
[切り花として] 豪華で長持ちする
[休眠処理] 不可
[類似の品種] 'ビリシック'

グリーンランド

Ollioules

オリオールズ

このチューリップは、白い輝きをもつ花が、成熟するにつれ形状と色調を変化させ、さまざまな印象を与える。

まず、緑色の蕾からきつく閉じた花が現れる。花びらはくすんだ薄紅色で、縁に向かうにつれ白く色あせる。完璧なカップ形に咲き進むにつれ、色彩は変化する。薄紅色は黄色を帯びて暖かみを増し、白い縁取りが広がって、花が内側から照らされているように見える。花びらが広がるにつれ、内側の色があせて、淡い色調の浅緑色、薄紅色、白になる。この時、縁に凹凸のある花びらからなる、成熟した花の中心部では、濃いベージュの花糸が、渋い黒色の葯を先端につけ、レモン色の柱頭を頂く浅緑色の雌しべを守っている。このように魅力的な色の組み合わせだけでなく、'オリオールズ'は芳しい香りにも恵まれている。

繊細な外観にかかわらず、'オリオールズ'は長く丈夫な茎に花をつけ、風雨に耐えられる強さをもつ。1988年にファン・ザンテン・ブラザーズにより発表され、1999年にイギリス王立園芸協会のガーデンメリット賞を受賞した。

[分　　　類] ダーウィンハイブリッド系
[花　　　期] 中生から晩生
[日当たり] 日向または半日陰
[用　　　土] 肥沃で水はけの良い用土
[植え付けの深さ] 17cm
[球根の間隔] 10cm
[平均草丈] 50〜60cm
[相性の良い植物] *Myosotis alpestris*'ホワイト'（ノハラワスレナグサ）
[切り花として] 類まれな美しさ。できれば、チューリップ属'ラベルエポック'と寄せ植えしよう
[休眠処理] 不可
[類似の品種] なし

Queen of Night
クイーンオブナイト

翳りがあり、妖艶で、つややか。紛れもなく上品な'クイーンオブナイト'は、絶対的な魅力を放つチューリップだ。6枚の花びらからなるシンプルな花は、美しい古典的な輪郭を描き、茄子紺の強烈な色調は、花壇や花びんで他のチューリップを引き立てつつも注意を集める。

蕾は緑を帯びた紫色だが、満開の花びらの深遠で高貴な色合いは、濃い赤やくすんだオレンジ色、杏色、コッパーカラーのチューリップを完璧に引き立てる。一方で、柔らかな中間色のピンクやスミレ色、白のチューリップと合わせても美しい。淡い乳白色の雌しべの先には、紫がかった黒の柱頭がある。短い緑色の葉の中から、花が誇らしげに伸びるも、花びんに生けると優雅に垂れ下がる。

16世紀にヨーロッパに最初の球根が到着して以来、「黒い」チューリップの研究が続けられているが、発表されたのはいずれも濃い紫色で、本当に黒いチューリップはまだ開発されていない。'クイーンオブナイト'がJ.J.グリューレマンズ＆サンズにより作出されたのは、1944年のことだといわれており、1937年にC.ケール＆サンズが登録した華麗な'ブラックパーロット'にわずかに遅れをとった。黒ではないものの、これらの紫紺のチューリップは実に魅惑的だ。

[分　　　類] 一重遅咲き系
[花　　　期] 晩生
[日当たり] 日向
[用　　　土] 肥沃で水はけの良い用土
[植え付けの深さ] 10〜15cm
[球根の間隔] 10cm
[平均草丈] 60cm
[相性の良い植物] チューリップ属'ラスタパーロット'、同属'フォクシーフォックストロット'、同属'ラベルエポック'、同属'ブラックパーロット'、カマッシア属'ブルーヘブン'
[切り花として] ピンクやオレンジのチューリップと合わせると圧巻
[休眠処理] 不可
[類似の品種] 同じ色だが八重咲きの'ブラックヒーロー'

Sapporo
サッポロ

'サッポロ'が比類なきチューリップであるゆえんは、微妙に移ろいゆく色合いにあるだろう。

緑色の蕾が淡いレモン色に変わり、長い花期を咲き進むにつれて、乳白色や純白にまで色あせる。ユリ咲き系の中でも、特にすっきりと精巧な形状で、キュッとくびれた優雅な花を真っ直ぐに保つ。やがて花びらがそり返ると、中心部が見えてくる。雄しべと雌しべは硫黄色で、花びらに残ったごくほのかな黄色は、他の黄色い花を引き立て、しゃれた差し色になるだろう。花は素晴らしく長持ちする。

'サッポロ'は、新種の作出を手がけるオランダの球根会社M.ボーツにより1992年に発表された。

[分　　　類] ユリ咲き系
[花　　　期] 晩生
[日当たり] 日向
[用　　　土] 肥沃で水はけの良い用土
[植え付けの深さ] 10〜15cm
[球根の間隔] 7.5cm
[平均草丈] 45cm
[相性の良い植物] ムスカリ属(グレープヒヤシンス)など青い花を下に植えると華やか
[切り花として] 黄色い花と混ぜると美しい
[休眠処理] 不可
[類似の品種] 白地に緑色の炎模様の入った、ユリ咲き系チューリップ'グリーンスター'

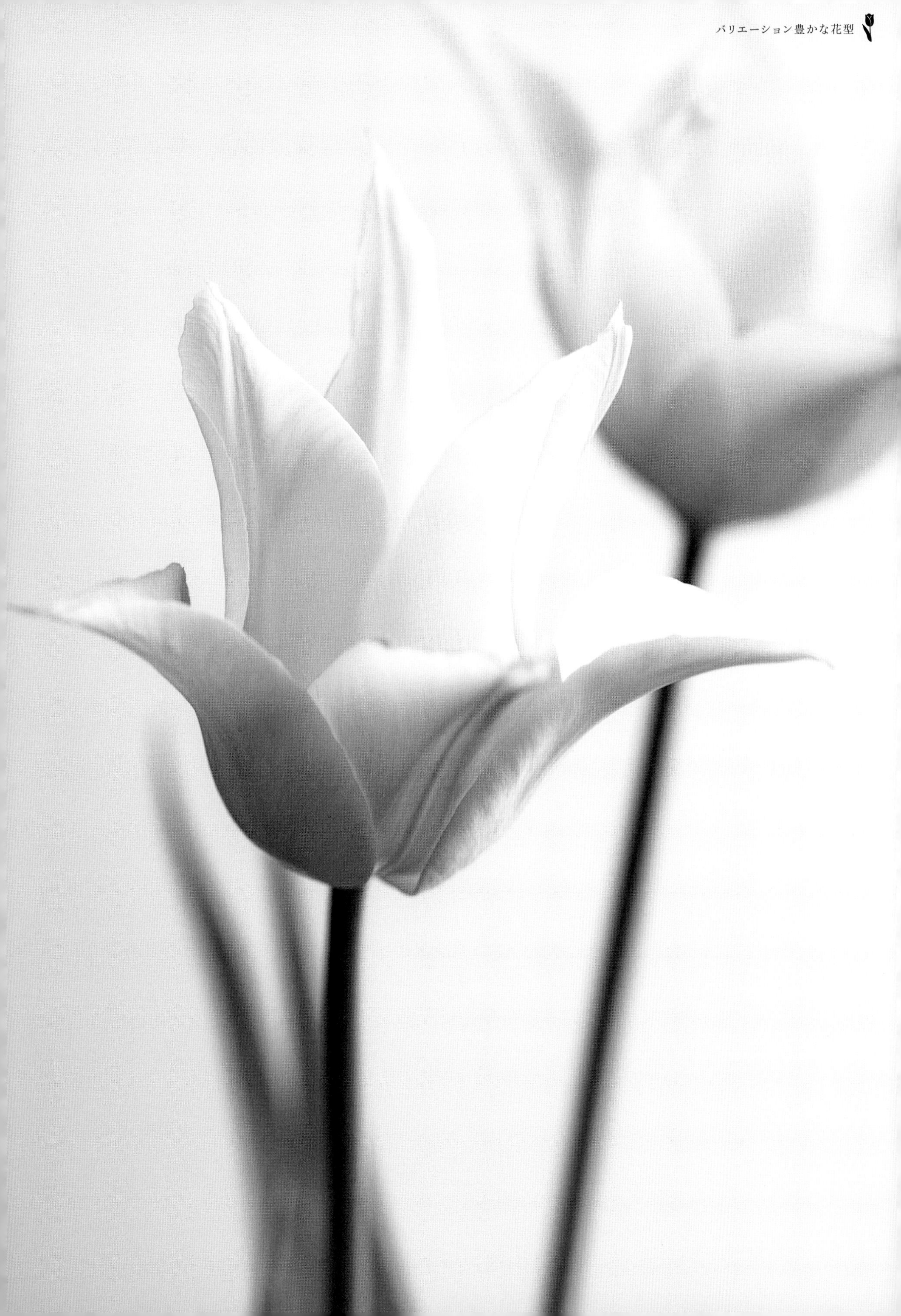

サッポロ［上］、マウントタコマ［右］

La Belle Époque
ラベルエポック

シルクのランジェリーのような官能的で洗練された色合いの魅力あふれるチューリップ。

緑色の蕾をつけ、外側の花びらの後部は、深みのあるくすんだピンク色に美しく染まり、中央部の先端は緑色を帯びる。花が咲き進むにつれて現れる、ハート形の花びらの内側は、柔らかな色味のコーヒー、杏、コッパー、レモンで彩られ、各花びらの根元に向かうほど、色が濃く、鮮明になる。成熟するにつれ、花は色あせてクリーム色、レモン色、白に変わるとともに、薄紅色、暖かなピンク、スミレ色が差し、中心部の黒い雄しべが現れる。

ボーダー花壇に植えると長く開花し、花びんに生けても映える。特に、深みのある濃い紫、白、クリーム色、ピンクなどの、他のチューリップとの調和は見事。青緑色の葉が波打つ様子も面白い。色彩は球根ごとに微妙に異なり、強くくすんだ色調や、強いピンクの色調のものもある。

'ラベルエポック'は、オランダのチューリップ栽培会社フェルチュコ社により2011年に登録された。

[分　　類] 八重早咲き系

[花　　期] 中生から晩生

[日当たり] 日向または半日陰

[用　　土] 肥沃で水はけの良い用土

[植え付けの深さ] 13〜15cm

[球根の間隔] 10cm

[平均草丈] 40cm

[相性の良い植物] 'クイーンオブナイト'や'モントルー'など他のチューリップと一緒に植えるか、Anemone blanda（アネモネ ブランダ）で囲もう

[切り花として] 圧巻で、白やピンク、濃い紫色のチューリップとよく合う

[休眠処理] 不可

[類似の品種] なし

White Triumphator
ホワイトトライアンファター

優雅さで'ホワイトトライアンファター'を超えるチューリップはなかなか見当たらない。また、育てやすく、庭でも花びんでも長持ちする性質を見れば、60年以上も続く、息の長い品種であることも納得できるだろう。

蕾は緑色で、すぐにバターのような暖かいクリーム色に変わり、純白の花が開花する。長い雄しべは黄色、雌しべは緑色で、葉の中からすっくと伸びる花は堂々たる佇まいを見せる。

草丈が高いため、風雨を避けられる場所に植えるとよい。園芸界に大きな影響を及ぼした園芸家の故クリストファー・ロイドは、多数の著書を記し、イーストサセックス州にあるグレートディクスターハウスの壮大な庭園を手がけた。彼は'ホワイトトライアンファター'を「ハッとするほど美しい」と描写し、花壇に植えたままでも持ちこたえるだけでなく、株が増えることも観察した。

'ホワイトトライアンファター'は、1942年にファン・チューベルヘンにより発表された。1995年にイギリス王立園芸協会のガーデンメリット賞を受賞した。

[分　　　類] ユリ咲き系
[花　　　期] 晩生
[日当たり] 日向
[用　　　土] 肥沃で水はけの良い用土
[植え付けの深さ] 10〜15cm
[球根の間隔] 10cm
[平均草丈] 50cm
[相性の良い植物] どんな色のチューリップにもよく合うが、草丈が非常に高いため、チューリップの少し後で開花するヘメロカリス（ワスレグサ属）など、多年草の葉の茂みの背後にも植えられる
[切り花として] 極めて美しい
[休眠処理] 不可
[類似の品種] 白地に緑色の炎模様の入ったユリ咲き系チューリップ'グリーンスター'や、一重早咲き系の'ホワイトマーベル'

THE OPULENT FLOWER

華やかな色の
ラインナップ

Abba

アバ

満開の'アバ'は、フレンチカンカンのダンサーが身にまとう、フリルたっぷりのペチコートのようだ。小型で魅惑的な緋色の'アバ'は、言葉で表し難い、あふれる喜びのようなものを発散している。

緑の蕾が開くと、密集するあでやかな花びらが姿を現し、見事なゴブレットを形作る。外側の花びらから緑色が薄れていくとき、はじめは黄色の短い斜線が残る。中心部の花びらには、根元に暖かな黄色の斑があり、雌しべは漆黒の雄しべに囲まれている。花びんに生けると、ゆったりとくつろいだ雰囲気で、うれしそうに垂れ下がり、美しくおおらかなアレンジメントを作る。また、素晴らしい香りにも恵まれている。

'アバ'は小型のため、鉢植えに最適なチューリップだ。鉢の中で、春の訪れに先駆けて嬉しそうに開花するだろう。ただし、花が重いため、風雨にさらされると垂れ下がりやすい。

1978年にオランダのバッカー・ブロスにより登録された。

[分　　類] 八重早咲き系
[花　　期] 早生から中生
[日当たり] 日向
[用　　土] 肥沃で水はけの良い用土
[植え付けの深さ] 17cm
[球根の間隔] 10cm
[平均草丈] 20〜30cm
[相性の良い植物] ムスカリ属(グレープヒヤシンス)
[切り花として] 極めて美しい
[休眠処理] 可
[類似の品種] 色合いがより濃く、丈がより高い'レッドベビードール'

Exquisit
エクスクイジット

八重遅咲き系の'エクスクイジット'は、フリルのような花びらがぎっしり重なり、ソーサー形の美しい花を誇らしげに咲かせる。

花は高貴なイメージの紫色で、蕾は花というよりもアーティチョークに似ている。鮮やかな緑色のぼってりした蕾が割れるとき、先端がピンクに染まり、蕾を覆って保護している緑色の萼片の中から、松かさ状にきっちりと並ぶ紫色の花びらが顔をのぞかせる。上方と側方にほとばしるかのように開花した花は、美しい牡丹を思わせる。成熟するにつれ色あせ、暖かみを増して赤紫色に変わる。花びらの根元は白、花柱はピンクで先端の柱頭は黄色、雄しべも黄色だ。

'エクスクイジット'は2013年にQ.J.フィンク＆ゾーン社により登録された。

[分　　　類] 八重遅咲き系
[花　　　期] 晩生
[日当たり] 日向か半日陰
[用　　　土] 肥沃で水はけの良い用土
[植え付けの深さ] 10cm
[球根の間隔] 10cm
[平均草丈] 40〜50cm
[相性の良い植物] チョコレート色を帯びた*Geranium phaeum* var. *phaeum*'サモボール'、スミレ色の*G. phaeum*'リリーロベル'、白の*G. pratense*'ダブルジュエル'など、ゼラニウムの茂みの背後に植えよう
[切り花として] 豪華
[休眠処理] 可
[類似の品種] なし

サンセットマイアミ［上］、トムポース［右］

Monsella

モンセラ

'モンセラ'は小柄にもかかわらず、弾けんばかりに陽気な原色の、とびきり大きな花を咲かせ、花壇を華やかに彩る。

ほのかに黄色を帯びた緑色の蕾から、直径13〜15cmと巨大な黄色い椀形の花が開花する。花は赤い縞模様やしぶきのような斑で飾られ、白や緑の筋が不規則に入る。日差しを浴びて花びらが平らに開くと、淡黄色の彫刻のような柱頭を頂く緑色の花柱と、小麦色（黄みの薄茶色）の雄しべが現れる。どの花も隣の花と模様が異なるが、赤く細い筋が花びらの根元から先端にかけて入る点は共通する。

群生して開花する'モンセラ'は、リオのカーニバルのダンサーさながらに、目もくらむようなショーを繰り広げる。球根1個ごとに花を3個つけるため、値段に十分見合う価値がある。花壇、植木鉢、花びんのいずれでも見応えがある。

'モンセラ'は、1981年にオランダのバッカー・ブロスにより登録された。

[分　　　類] 八重早咲き系
[花　　　期] 早生から中生
[日当たり] 日向または半日陰
[用　　　土] 肥沃な水はけの良い用土
[植え付けの深さ] 17cm
[球根の間隔] 10cm
[平均草丈] 20〜30cm
[相性の良い植物] 黄や赤のチューリップと寄せ植えすると、目もくらむような春の彩りを楽しめる
[切り花として] 秀逸
[休眠処理] 可
[類似の品種] 'バンジャルカ'

モンセラ

Banja Luka
バンジャルカ

鮮やかで生命力あふれるチューリップ。渦巻く原色はあまりにも鮮明で、眺めていると目に染みるようだ。

ぴったりと折りたたまれた緑色の蕾は淡い黄色に変わり、これから訪れる華やかな開花を微塵も感じさせない。蕾が割れると、バランスの良い形状の黄色い花が現れる。花びらは赤く細い線で縁取られ、花が開くにつれ、強烈な黄色の下地に、極めて鮮やかな赤い羽状模様がくっきりと現れる。上から見ると、赤と黄色が渦巻く華やかな鞠のようだ。日差しを浴びて花びらの色が混じり合い、サイケデリックな模様にオレンジが加わる。

群生させて咲かせると、燃え上がるたいまつの行列のよう。花の中心部をのぞき込むと、根元の漆黒の斑と、3裂したクリーム色の柱頭を頂く緑色の花柱、真っ黒な雄しべが見える。

コンテナや、ボーダー花壇の単調な場所に植えて、弾けるような鮮やかな色を楽しもう。

'バンジャルカ'は、1998年にオランダ企業、MTSハウトマン＆コナインにより登録された。

[分　　　類] ダーウィンハイブリッド系
[花　　　期] 中生から晩生
[日当たり] 日向または半日陰
[用　　　土] 肥沃で水はけの良い用土
[植え付けの深さ] 17cm
[球根の間隔] 10cm
[平均草丈] 50cm
[相性の良い植物] まだ開花していない、多年草の緑の茂みの中に植えて際立たせよう
[切り花として] 煌びやか
[休眠処理] 可
[類似の品種] 同じくらい鮮やかだが、赤よりも黄色の比率が高い'モンセラ'

Gavota
ガボタ

春のガーデンは、スイセン、レンギョウ、プリムラ、クロッカスなどが一気に咲き乱れ、黄色と白を基調とした色彩になりがちだ。黄色に偏りすぎると、どの色のチューリップを植えるのが一番いいのか、決め難い。その点'ガボタ'は、丈のある優美なチューリップで、他の黄色い花と完璧に調和し、面白い差し色にもなる。

蕾は緑色を帯びた紫色で、開花すると、くっきりとバーガンディーレッドに染まった花びらが現れる。この色は、根元の方が濃く、縁取りがにじんで、バターのようなクリーム色と白に融けあう。満開の花は華麗な装いで、内側の花びらの先端から、白い線が閃光のように伸びて、バーガンディーレッドの炎模様と混じり合う。黄色の外縁をよく見ると、ほのかにカナリアイエロー、プリムライエロー、サンシャインイエローを帯びている。各花びらは、根元に鮮やかな黄色の斑があり、花の中心部では、3裂した淡黄色の柱頭を頂く緑色の花柱を、漆黒の葯をつけた黄色い花糸が囲んでいる。

'ガボタ'は、1995年にオランダの球根育苗会社ブルームボーレンビューロー・セベコにより登録された。2010年にイギリス王立園芸協会のガーデンメリット賞を受賞した。

[分　　類]トライアンフ系
[花　　期]晩生
[日当たり]日向
[用　　土]肥沃で水はけの良い用土
[植え付けの深さ]17cm
[球根の間隔]10cm
[平均草丈]40〜50cm
[相性の良い植物]*Alchemilla mollis*（アルケミラ モリス）、白いスイセン、ニオイアラセイトウ（*Erysimum cheiri*（エリシマム ケイリー））'サンセットプリムローズ'などのエゾスズシロ属
[切り花として]黄色、クリーム色、白、緑色と混ぜると素晴らしい差し色になる
[休眠処理]可
[類似の品種]なし

Orange Favourite
オレンジフェイバリット

強い芳香に恵まれ、フリージアとスパイスの香りを漂わせるチューリップ。精緻な美しさをもつシャーベットカラーの花は、'オレンジフェイバリット'という名前だけでは、到底言い尽くすことのできない、繊細な色彩で飾られている。

開きたての蕾は、暖かなコッパーオレンジの輝きを帯びるとともに、スミレ色、ダムソンプラムの紫色、モスグリーン、深紅、ラズベリーなど、色とりどりの炎模様が、花びら全体に筋をつける。凹凸で縁取られた花びらが成熟し広がるにつれ、色合いが和らいであせていき、シェルピンク、ローズピンク、フレッシュピンク（黄みを帯びた薄いピンク）、ピーチ、杏色、珊瑚色へと変化し、バターイエローやセージグリーンと混じり合うが、中心部は暖かく輝き続ける。中をのぞくと、緑色の花柱の上に、バターイエローの柱頭が乗り、漆黒の雄しべがそれを囲んでいる。

'オレンジフェイバリット'をボーダー花壇やコンテナに植えれば、暖かな色彩が春のガーデンの演出に大いに役立ってくれるだろう。1930年にオランダの栽培者K.C.フォーレンにより登録された。

[分　　類] パーロット系
[花　　期] 晩生
[日当たり] 日向
[用　　土] 肥沃で水はけの良い用土
[植え付けの深さ] 17cm
[球根の間隔] 10cm
[平均草丈] 40〜50cm
[相性の良い植物] フェンネルや銅葉のブロンズフェンネル（*Foeniculum vulgare* や *F. vulgare* 'プルプレウム'）の羽毛のような葉は、背景として最高。*Allium hollandicum* 'パープルセンセーション'は、開花の準備を整えている間、彫刻のような形を添える
[切り花として] 赤や紫、オレンジ、黄色など華やかな色と混ぜよう
[休眠処理] 可
[類似の品種] より一層鮮やかな'ブルメックスフェイバリット'

オレンジフェイバリット

Peach Blossom

ピーチブロッサム

フェミニンなフリルをつけた'ピーチブロッサム'は、125年以上もガーデンを引き立てている。

蕾は緑で、開くと乳白色の花びらが現れる。花びらの縁に沿って、ローズピンクの細かい線がぎっしり入り、花びらの先端にはちらほらと緑の筋が見られる。花が成熟するにしたがって、花びらはさらに濃いピンクに染まるが、根元の黄色い斑に向かうにつれ白くなる。緑色の雌しべは、バターイエローの星形の柱頭を頂き、雄しべは硫黄色だ。

小型で魅力的な'ピーチブロッサム'は、植木鉢や窓辺のコンテナに植えたり、花壇の最前列に地植えするのに適している。

'ピーチブロッサム'は、1890年にH.N.ファン・レーウェンにより登録された。

[分　　類] 八重早咲き系
[花　　期] 早生から中生
[日当たり] 日向
[用　　土] 肥沃で水はけの良い用土
[植え付けの深さ] 17cm
[球根の間隔] 10cm
[平均草丈] 25〜30cm
[相性の良い植物] *Myosotis alpestris*（ミオソティス　アルペストリス）（ノハラワスレナグサ）や白いパンジー
[切り花として] 白やピンク、青と合わせると非常に美しい
[休眠処理] 可
[類似の品種] 'フォックストロット'（八重早咲き系）や、'アンジェリーク'（八重遅咲き系）

Foxy Foxtrot
フォクシーフォックストロット

芳しい香りの'フォクシーフォックストロット'は、水彩画のような柔らかな色調の黄色、オレンジ、杏色、ピンク、クリーム色、白、緑が組み合わさり、春の日の出のような淡い輝きを放つ。花壇の雰囲気を変える柔らかで豊かな色彩は、オレンジや黄色、紫とも調和する。

緑の蕾が開くと、クリーム色を帯びたバターイエローの下地に、緑やピーチ、杏色、白、ピンクの筋が入った花びらが、ゴブレットを形作る。成熟するにつれ、花びらが大きく広がって浅いカップ形になり、花びらに刻まれたオレンジ、珊瑚色、杏色の細かい線が色合いを強める。中心部には、緑色の雌しべと緑色の葯がある。葉は青緑色で、縁が波打っている。

'フォクシーフォックストロット'は、2011年にフェルチュコ社により登録された。

[分　　類] 八重早咲き系
[花　　期] 中生
[日当たり] 日向
[用　　土] 肥沃で水はけの良い用土
[植え付けの深さ] 17cm
[球根の間隔] 10cm
[平均草丈] 40〜50cm
[相性の良い植物] チューリップ属'ラベルエポック'、同属'クイーンオブナイト'と寄せ植えしよう
[切り花として] 部屋を明るくし、さまざまな色とよく合う
[休眠処理] 可
[類似の品種] 色合いは似ているがもっと強い'サンセットマイアミ'

Green Wave
グリーンウェーブ

プリマバレリーナのような優雅さとスタイルに恵まれた、美しいチューリップ。

'グリーンウェーブ'の長細く波打つ蕾は、青リンゴ色と灰緑色で、まるで中に閉じ込められた何かが逃げ出そうとするかのように、うねるように膨らんでいる。蕾が開くにつれ、でこぼこした緑色の花びらを縁取る、ローズピンクとラズベリー色のギザギザの外縁が少しずつ見えてくる。外縁の色は、バタークリーム色と溶け合い、そこからさらに、萌葱色、青リンゴ色、モスグリーン、松葉色が入り混じった、中心部にある緑の羽状模様へと続く。花は成熟するにつれ、半透明な花びらが作るつかの間の彫刻のような、何か超越した美しさを湛え

るものに変わる。花びらが開くと、さまざまな色調の薄紅色や、クリーム色、白、柔らかな色味の緑色が、波打ち、渦巻く。切り込みの入った花の中心には、装飾のような柱頭を頂く浅緑色の雌しべがあり、故エリザベス王太后の美しい帽子を思い出させる。雌しべを囲む、華奢な漆黒の雄しべが、華麗な装いの仕上げをする。

'グリーンウェーブ'の大きな花は風雨に弱いため、風雨を避けられる場所に植えよう。

1984年にJ.J. ローゼンブルックにより発表された。

[分　　　類] パーロット系
[花　　　期] 晩生
[日当たり] 日向
[用　　　土] 肥沃で水はけの良い用土
[植え付けの深さ] 17cm
[球根の間隔] 10cm
[平均草丈] 55cm
[相性の良い植物] まだ開花していない緑の草本植物で囲んだり、スノーフレーク属、スイセン属'タリア'、薄紅色の *Allium roseum bulbiferum* (アリウム ロゼウム ブルビフェルム) など、軽やかな白い春の花と混ぜ、シンプルに植えよう
[切り花として] 単独でも、ピンクと白の他の花と混ぜても極めて美しく、花びんに生けても長持ちする
[休眠処理] 可
[類似の品種] なし

Black Parrot

ブラックパーロット

彫像を思わせる、優雅な佇まいの‘ブラックパーロット’は、最先端のファッションのような花だ。

サテンの光沢をもつ花びらには、最高級のドレスのように巧みにひだが入っている。セージグリーンの蕾が割れる前、細かな切れ込みの入った花びらに、ほのかなダムソンプラムの紫がにじみ出ると、キラキラと輝く、華麗な紫色の花びらの塊が、ブラックベリー、スピノサスモモ、エルダーベリー、ボルドーワインの色調を帯びて広がる。花びらの内側は、なお一層深みのある色合いで、暗い中心部に見えるものは乳白色の雌しべだけだ。

翳りのある色調と波打つ花びらが際立ち、‘ブラックパーロット’はあらゆるチューリップの中で異彩を放つ。暗い背景に溶け込まないように、他の色から際立つ場所に植えて、荘厳な美しさを楽しもう。

‘ブラックパーロット’は、1937年にC.ケール＆サンズにより登録され、1995年にイギリス王立園芸協会のガーデンメリット賞を受賞した。

[分　　　類] パーロット系
[花　　　期] 晩生
[日当たり] 日向
[用　　　土] 肥沃で水はけの良い用土
[植え付けの深さ] 17cm
[球根の間隔] 10cm
[平均草丈] 50cm
[相性の良い植物] チューリップ属‘コッパーイメージ’や同属‘アンクルトム’
[切り花として] 単独でも見事だが、ピンクやコッパーカラーの他のチューリップや、エゾスズシロ（エリシマム）属のカラフルな花と合わせるとなお美しい
[休眠処理] 可
[類似の品種] 強烈な色合いが似ているが、八重遅咲き系の‘ブラックヒーロー’

ブラックパーロット

Hermitage
エルミタージュ

すらりとした紫色の茎の上に咲き誇る'エルミタージュ'は、まさにチューリップ界の宝石であり、この上なく洗練されたシンプルな花は、燃え立つようなサンセットカラーで彩られている。

緑を帯びた紫の蕾が開くと、真っ直ぐな、うっとりするほど美しい花が現れる。花びらは根元部分がほのかな黄色で、そこからダムソンプラム色の炎模様が立ち上る。背景をなす、珊瑚色、サーモンカラー、ローズピンク、バターイエロー、硫黄色、杏色、スミレ色、浅緑色、暖かいコッパーオレンジの柔らかな色調は、J.M.W.ターナーの絵画作品《戦艦テメレール号》を彷彿とさせる繊細さと鮮やかな輝きを帯びる。燃え上がる最高の夕焼けのように、色のスペクトルの異なる要素が組み合わされて、鮮明な全ての色が調和を保っている。中心部にある、青い薬も必見だ。丈夫なチューリップで、ボーダー花壇でもコンテナでもよく育ち、休眠処理もできる。

'エルミタージュ'は、創業100年のオランダのチューリップ栽培会社ヤン・デ・ヴィット＆サンズにより1986年に登録された。

[分　　類] トライアンフ系
[花　　期] 中生から晩生
[日当たり] 日向
[用　　土] 肥沃で水はけの良い用土
[植え付けの深さ] 17cm
[球根の間隔] 10cm
[平均草丈] 35cm
[相性の良い植物] *Salvia purpurea*（サルビア プルプレア）や、ユーフォルビア'ブラックバード'、*Euphorbia griffithii*（ユーフォルビア グリフィティイ）'ファイヤーグロー'の近くに植えよう。または、濃い紫色や濃いピンクのチューリップを加えるとよい
[切り花として] 紫、濃い赤、ピンクと混ぜると見事
[休眠処理] 可
[類似の品種] 'エルミタージュダブル'（花びらが八重の点以外は同じ）と'プリンセスイレーネ'

Parrot Negrita
ネグリタパーロット

1950年代のイブニングドレスを連想させる、この華麗なチューリップは、ほっそりとした茎の先に弾けるように開花する。ひだやフリルの入ったスカートを広げたような花は、強い色調の赤紫色が魅惑的だ。

緑色の蕾が割れると、深みのある赤紫色の炎模様が蕾をジリジリと上り、側面が巻き上がり、ダムソンプラム色のカールができる。開花した花は、縁に切れ込みの入ったつややかな花びらが巻き上がったりねじれたりして、まるで軽やかな素材で仕立てた、フリルのドレスのようだ。波打つ花びらの頂点と底辺に、ダムソンプラム色、マゼンタ、スミレ色、茄子色が見られる。成熟するにつれ、格好の良い花びらが大きく広がると、淡いスミレ色の中心部が現れ、緑色の雌しべを、硫黄色の雄しべが囲む。

濃い紫、ピンク、オレンジ、コッパーのチューリップと一緒に花壇に寄せ植えしよう。

'ネグリタパーロット'は、チューリップの新しい園芸品種の市場投入に特化したオランダ企業、ホラント・ボルロイ・マルクト社により2011年に発表された。

[分　　　類] パーロット系
[花　　　期] 中生から晩生
[日当たり] 日向
[用　　　土] 肥沃で水はけの良い用土
[植え付けの深さ] 17cm
[球根の間隔] 10cm
[平均草丈] 50cm
[相性の良い植物] ピンク、青、白、チョコレート色のゼラニウム
[切り花として] 極めて華麗
[休眠処理] 可
[類似の品種] もっと濃い紫色の'ブラックパーロット'や、スミレ色の'ブルーパーロット'

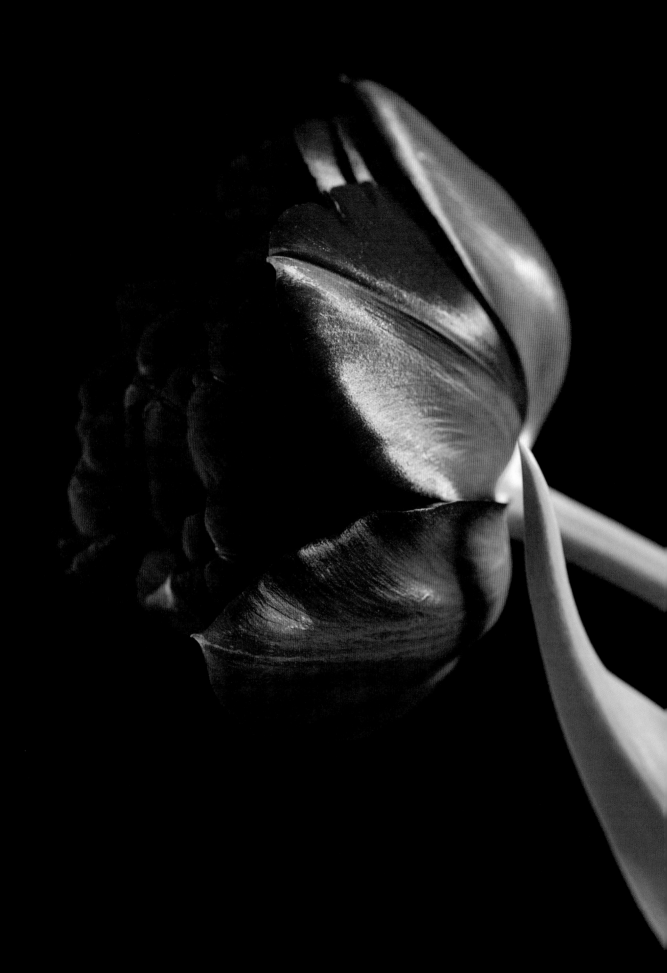

Uncle Tom
アンクルトム

ハッと息をのむほどに豪華で、香りの良い雅やかな花。摘んで家に持ち帰り、生けてほしいと訴えかけてくるかのよう。場所があれば、切り花用にぎっしり並べて栽培するのがおすすめだが、コンテナやボーダー花壇にちょっと加えてもよい。

丸みを帯びた緑色の蕾が開くと、滑らかなカップ形に花開き、鮮やかな深紅の花びらが整然と並ぶ。蕾が割れるとき、外側の花びらに緑色のきれいな筋が入り、やがて色があふれ出す。花びらの先端部分にちらほらとわずかな白色が差し、磨き上げられた艶のある仕上がりを引き立てている。'アンクルトム'がこれほど求められ、息の長いチューリップになった一因は、牡丹のような花びらの強烈な色合いにある。暗めの紫色や、

鮮やかなオレンジ色、コッパー、薄紅色など、いろいろな色と合わせやすいからだ。中心部は隠れているが、のぞいてみると、内側の鮮やかな黄色と、浅緑色の雌しべ、スミレ色の葯が見えるだろう。

他の八重のチューリップと同じように傷みやすいため、風雨を凌げる場所に植えよう。

'アンクルトム'は、ゾーヘル＆カンパニーにより登録された。ただし、オランダ王立球根生産者協会(KAVB)（あらゆる球根植物と球茎植物、塊茎植物の品種登録を行う国際機関）への登録日が公式記録に残っていない。1939年ごろに発表されたといわれている。

[分　　　類] 八重遅咲き系
[花　　　期] 晩生
[日当たり] 日向
[用　　　土] 肥沃で水はけの良い用土
[植え付けの深さ] 15cm
[球根の間隔] 10〜13cm
[平均草丈] 45cm
[相性の良い植物] チューリップ属'アンジェリーク'
[切り花として] 非常に魅惑的
[休眠処理] 可
[類似の品種] 濃いダムゾンプラム色の'ブラックヒーロー'

Black Hero

ブラックヒーロー

もし、ドラマチックで強烈な印象を花壇に求めるなら、'ブラックヒーロー'で決まりだ。黒いチューリップを追い求める、長年にわたる研究の中で、'ブラックヒーロー'は非常に黒に近く、市場で最も濃い色のチューリップの一つである。もちろん、実際には黒ではないが、深くつやややかな紫だ。

蕾は緑を帯びた紫色で、外側の花びらが緑色からプラム色に変わるにつれ、蕾にほのかなダムソンプラム色が差す。牡丹のようにふっくらした蕾に、サテンのようなつややかな花びらの塊がひしめくように収まっている。開花すると、陽光を浴びたブラックチェリー、スピノサスモモ、バーガンディー、プラムの色調が現れる。白い柱頭を頂く浅緑色の雌しべと、くすんだ茶色の雄しべ

が、花びらの後ろにそっと隠れているが、根元の白い斑が作る、うっすらと見える星形の飾りを見逃さないようにしよう。何層にも重なる花びらは、見事なゴブレットを形作り、その豊かな色調は、白やピンク、オレンジ、くすんだオレンジ、紫など、どんな色のチューリップであれ、完璧に引き立てる。

コンテナでもよく育つが、ボーダー花壇に他の色調と一緒に植えるか、花びんに他の色の花と一緒に生けると、より見応えがあり、圧巻だ。

'ブラックヒーロー'は、1984年にJ.ビーレプートにより登録された。'クイーンオブナイト'の突然変異である。

[分　　類] 八重遅咲き系
[花　　期] 中生から晩生
[日当たり] 日向
[用　　土] 肥沃で水はけの良い用土
[植え付けの深さ] 15〜20cm
[球根の間隔] 15cm
[平均草丈] 60cm
[相性の良い植物] 黄色を除く、ほぼどんな色のチューリップや多年草とも合う
[切り花として] 美しい外観が目立つが、花びんに生けるとほぼどんな色とも調和する
[休眠処理] 可
[類似の品種] 色が似ているが一重咲きの'クイーンオブナイト'

THE MOSAIC BEAUTY
アートのような
色の組み合わせ

Blumex Favourite
ブルメックスフェイバリット

'ブルメックスフェイバリット'は、灰緑色の蕾が成熟するにつれ、外側の花びらがグレー、スミレ色、黄色、赤など、夕焼けのあらゆる色調に染まって劇的な変貌を遂げる。これほどの美しい鮮やかな色彩では足りないかのように、花びらの裏側がきつく折り畳まれたり巻き上がったりしている様子は、アストラカン(縮毛の子羊の毛皮)を思わせる。格段に魅力的なチューリップだ。花びらが開くにつれ、内側の鮮やかな赤が現れ、先端に見られる黄やオレンジ、緑の色合いは、花が完全に開くと消失する。

花びんに生けるとその姿は絢爛そのものであり、微かなフルーツの香りがする。適切な条件のもとに植えさえすれば、開花しやすい。茎は丈夫だが、他のパーロット系チューリップと同様に、風雨を凌げる場所に植えるとよい。残念なことに、繰り返し開花しにくい品種の一つであり、一年草として扱うのが望ましい。

'ブルメックスフェイバリット'は'ロココ'の突然変異で、1992年にファ・ファン・ダムにより登録された。

[分　　類] パーロット系
[花　　期] 晩生
[日当たり] 日向
[用　　土] 肥沃で水はけの良い用土
[植え付けの深さ] 15〜20cm
[球根の間隔] 15cm
[平均草丈] 40〜50cm
[相性の良い植物] ムスカリ属(グレープヒヤシンス)
[切り花として] 秀逸
[休眠処理] 困難
[類似の品種] 'ロココ'

Estella Rijnveld
エステララインフェルト

イギリスでは、赤と白を混ぜた花束は血と涙を象徴するといわれ、縁起の悪い組み合わせだと考えられている。そんな迷信は別にしても、この生々しい色の組み合わせは、何か野暮ったい印象を与えがちだ。ところが、'エステララインフェルト'の中で赤と白が組み合わされると、素晴らしい効果を発揮する。実に煌びやかでドラマチックなチューリップだ。

緑を帯びたダムソンプラム色の蕾がほころぶと、閉じ込められていた、浅緑色とラズベリー色のカールが緩む。縮れ波打つ乳白色の花びらは、鮮やかな緋色の炎模様と、セージグリーンとモスグリーンの小さな舌状斑と、控えめな薄紅色の斑で飾られるが、各花びらの縁は、切れ味の悪いピンキングはさみで仕上げたかのように、ギザギザに切り取られている。短く丈夫な茎に支えられたカップ形の花は、とても大きく、直径17cmに達することもある。中心部をのぞき込むと、黄色い柱頭を乗せた雌しべと、真っ黒な雄しべが見える。花壇をドラマチックに演出するチューリップの筆頭である。

'エステララインフェルト'を育種したデ・モルは、チューリップやヒヤシンスの球根に放射線を照射して突然変異を誘発するという、驚くような方法を用いた。本種は、セーヘルスブラザーズと共同で、ベルギーと国境を接するフランスのリールで試験的に栽培されていた。1950年に、セーヘルスブラザーズは、デ・モルの妻エステラに、70歳の誕生日プレゼントとしてこのチューリップを贈った。ラインフェルトは彼女の旧姓だ。これ以上に素晴らしい贈り物があるだろうか。

セーヘルスブラザーズは1954年に'エステララインフェルト'を登録した。'ゲイプレスト'の別名でも知られている。

[分　　類] パーロット系
[花　　期] 中生
[日当たり] 日向
[用　　土] 肥沃で水はけの良い用土
[植え付けの深さ] 17cm
[球根の間隔] 10cm
[平均草丈] 50cm
[相性の良い植物] *Lunaria annua*(ルナリア アンヌア)(ゴウダソウ)やスイセン属'タリア'
[切り花として] 秀逸
[休眠処理] 不可
[類似の品種] 'カーナバルデニース'と'ハッピージェネレーション'。色は似ているが、両方ともパーロット系ではないため、パーロット系独特の形状をもたない

エステララインフェルト

Ravana
ラバナ

緑の蕾から、花びらに少しずつ暖かいカナリアイエローがあふれていく。緑色が薄れるにつれて現れるダムソンプラム色の炎模様は、花が成熟するにしたがって色あせ、花びらの中心に薄い栗色のしみとなって残る。カップ形の花の中心部には、クリーム色の柱頭を頂く浅緑色の雌しべと、真っ黒な雄しべ。'ラバナ'は甘い香りにも恵まれている。

さんさんと降り注ぐ日差しのような明るいチューリップなので、他の黄緑色系の花と一緒に植えることは避け、この色を引き立てる寄せ植えを楽しもう。

'ラバナ'は、パウル・ファン・ベンテム・ブルームボーレン社により2012年に登録された。オレンジとプラムの2色咲き'プリンセスイレーネ'の変種で、球根畑に咲いていた'プリンセスイレーネ'のサンセットカラーの中から見つかった。

[分　　　類] トライアンフ系
[花　　　期] 中生から晩生
[日当たり] 日向か半日陰
[用　　　土] 肥沃で水はけの良い用土
[植え付けの深さ] 10〜15cm
[球根の間隔] 7.5cm
[平均草丈] 30cm
[相性の良い植物] チューリップ属'クイーンオブナイト'や、栗色またはくすんだオレンジ色のエゾスズシロ(エリシマム)属
[切り花として] 鮮やかな色と組み合わせると見事
[休眠処理] 不可
[類似の品種] よく似た暖かなイエローだが、緋色の炎模様がある'ワシントン'

Happy Generation
ハッピージェネレーション

白地に繊細な炎模様が描かれた、実にかわいらしいチューリップで、白い花と合わせるとより魅力が引き立つ。

蕾は最初は緑色で、やがて小さな赤い斑の入った白になる。花が開くにつれ、ほのかな黄色が混じった緋色の炎模様が、各花びらの根元から先端にかけて広がる。ギザギザの縁をもつ椀形の華麗な花に成熟し、完全に開くと、中央の硫黄色の大きな斑から、赤い炎が放射線状に広がる。葉もまた美しく、一枚一枚にシルバーホワイトの精巧な縁取りがある。おそらく最悪の天気にも耐えられる丈夫な交配種だ。

'ハッピージェネレーション'は、1988年にオランダのJ.デ・ブリース＆サンズにより登録された。

[分　　類] トライアンフ系
[花　　期] 中生から晩生
[日当たり] 日向
[用　　土] 肥沃で水はけの良い用土
[植え付けの深さ] 10cm
[球根の間隔] 10cm
[平均草丈] 50cm
[相性の良い植物] スイセン属やスノーフレーク属の白い花や、*Myosotis alpestris*（ミオソティス アルペストリス）'ホワイト'（ノハラワスレナグサ）で囲もう
[切り花として] 他の白い花と合わせると際立つ
[休眠処理] 可
[類似の品種] 白地に赤い炎模様と、緑色の雌しべと雄しべをもつ同じトライアンフ系の'アイスフォーリー'

Flaming Parrot
フレーミングパーロット

リオのカーニバルの衣装を思わせる、大胆で奔放なこのチューリップは、花壇の中で一身に注目を集める。

黄色と緋色の小さな炎模様の入った、ふっくらした緑の彫刻のような蕾から、波打つ花びらで飾り立てた華麗な花が開花する。カナリアイエローの花びらには、縁にギザギザの切れ込みが入り、深紅の縞や筋が作る気まぐれな模様に対して、モスグリーンの小さな舌状斑がバランスをとっている。花びらはいろいろな方向に巻き上がったり、ねじれたりして、カラフルなフリルが斬新な花型を形作る。花が成熟するにつれ、黄色がバターのような鮮やかなクリーム色になり、各花びらの縁にはくすんだサーモンピンクと緋色の繊細な陰影が入って、重層的な芸術作品を作り上げる。花びらが完全に反り返ると、真っ黒な雄しべと、白い柱頭を頂く雌しべが見える。

'フレーミングパーロット'は、1968年にC.A.フェルデガールにより発表された。

[分　　　類] パーロット系
[花　　　期] 中生
[日当たり] 日向
[用　　　土] 肥沃で水はけの良い用土
[植え付けの深さ] 17cm
[球根の間隔] 10cm
[平均草丈] 50cm
[相性の良い植物] 葉と花が華奢な*Leucojum aestivum*（スノーフレーク）と合わせるととても美しい
[切り花として] 秀逸
[休眠処理] 不可
[類似の品種] 八重咲きの'ダブルフレーミングパーロット'、色合いと模様が似ている'グランドパーフェクション'

フレーミングパーロット

Rococo

ロココ

美しいひだを作って垂れ下がる劇場のカーテンを彷彿させる、鮮烈なチューリップ。

緑色の蕾には紫の炎模様が入り、蕾が割れると、ダムソンプラムと赤の鮮やかな内部と、緋色で縁取られた花びらが現れる。花は平らに広がり、羽状模様のある巨大な緋色の花びらは、真紅、カーマイン（ほのかに紫を帯びた赤）、スミレ色の色調を帯びる。花びらの外側は、より青みを帯びた色調のラズベリー、ダムソンプラム色、スミレ色だ。各花びらの根元にある硫黄色の斑は、花の中心部を照らし、中心部にある淡黄色の雌しべは、浅緑色の柱頭を乗せ、真っ黒な雄しべに囲まれる。

'ロココ'は花が大きいため、風雨を凌げる場所に植えるのがおすすめだ。

H.スレフトカンプ＆カンパニーにより1942年に登録され、2003年にジャパンフラワーバルブオブザイヤーを受賞した。

[分　　類] パーロット系
[花　　期] 中生から晩生
[日当たり] 日向
[用　　土] 肥沃で水はけの良い用土
[植え付けの深さ] 17cm
[球根の間隔] 10cm
[平均草丈] 35cm
[相性の良い植物] 濃い紫色の'クイーンオブナイト'や'ブラックパーロット'、濃い赤の'アンクルトム'など、'ロココ'の強烈な色彩を引き立てるようなチューリップを選ぼう
[切り花として] 強烈な色彩で視線を集める
[休眠処理] 不可
[類似の品種] 真紅よりも緋色に近く、花びらの縁にわずかに黄色が入る'ドーマンズレコード'

ロココ

Esperanto
エスペラント

華やかでいてエレガントなこのチューリップは、最初から最後まで、目を楽しませる要素が詰まっている。

灰緑色に白の縁取りをもつ葉の間から、緑の蕾が姿を現すと、花びらの中心線に沿って伸びる緑色の炎模様から、白、そしてほのかなシェルピンクとバラ色がじわじわと広がる。開花の準備を整えている間に、縁が波打ち、先が尖った花びらにシェルピンクがにじんで、フューシャピンク（赤紫色）、ラズベリー色、緋色があふれる。どの色も緑の炎模様と呼応して、それぞれが燃え上がる極彩色のたいまつのようだ。モスグリーンの炎もまた色調を変化させ、外側がにじんでダムソンプ

ラム色になる。ふっくらした形の花びらが広がると現れる黄緑色の中心部は、クリーム色の柱頭を頂く雌しべが、古金色の葯と漆黒の花糸からなる雄しべに囲まれている。

この品種はコンテナ植えに理想的で、小型のため花壇の前列にも適している。

'エスペラント'は、1968年にJ.プランヘルにより登録され、1999年にイギリス王立園芸協会のガーデンメリット賞を受賞した。

[分　　　類] ビリディフローラ系
[花　　　期] 晩生
[日当たり] 日向
[用　　　土] 肥沃で水はけの良い用土
[植え付けの深さ] 17cm
[球根の間隔] 10cm
[平均草丈] 30cm
[相性の良い植物] *Stachys byzantina*（ラムズイヤー）
[切り花として] 非常に優れている
[休眠処理] 不可
[類似の品種] 色がもっと赤い'ハリウッドスター'

Rems Favourite

レムズフェイバリット

色合いといい、模様といい、レンブラント系チューリップによく似ている。モザイク病により模様が刻み込まれたレンブラント系チューリップは、オランダのオールドマスターに愛されたチューリップだ。

'レムズフェイバリット'の見事な花は、浅緑色の蕾をつけ、花がパッと開くと、白い花びらにはワインレッドの炎模様が精巧に描かれている。花の中心部では、花びらの根元のカナリアイエローの斑が、レモン色の柱頭を頂く緑の雌しべと、硫黄色の雄しべを引き立てている。

花壇に植えても花びんに生けても優雅な花で、完璧に描かれた静物画を鑑賞しているような気になる。

'レムズフェイバリット'は、フェルチュコ社により2000年に発表された。

[分　　類] トライアンフ系
[花　　期] 中生から晩生
[日当たり] 日向
[用　　土] 肥沃で水はけの良い用土
[植え付けの深さ] 17cm
[球根の間隔] 10cm
[平均草丈] 55cm
[相性の良い植物] チューリップ属'サラレイブン'
[切り花として] 華麗。茎が波打ち湾曲して花が頭を下げる
[休眠処理] 可
[類似の品種] 白地に真紅の羽状模様があり、同じトライアンフ系の'ハッピージェネレーション'

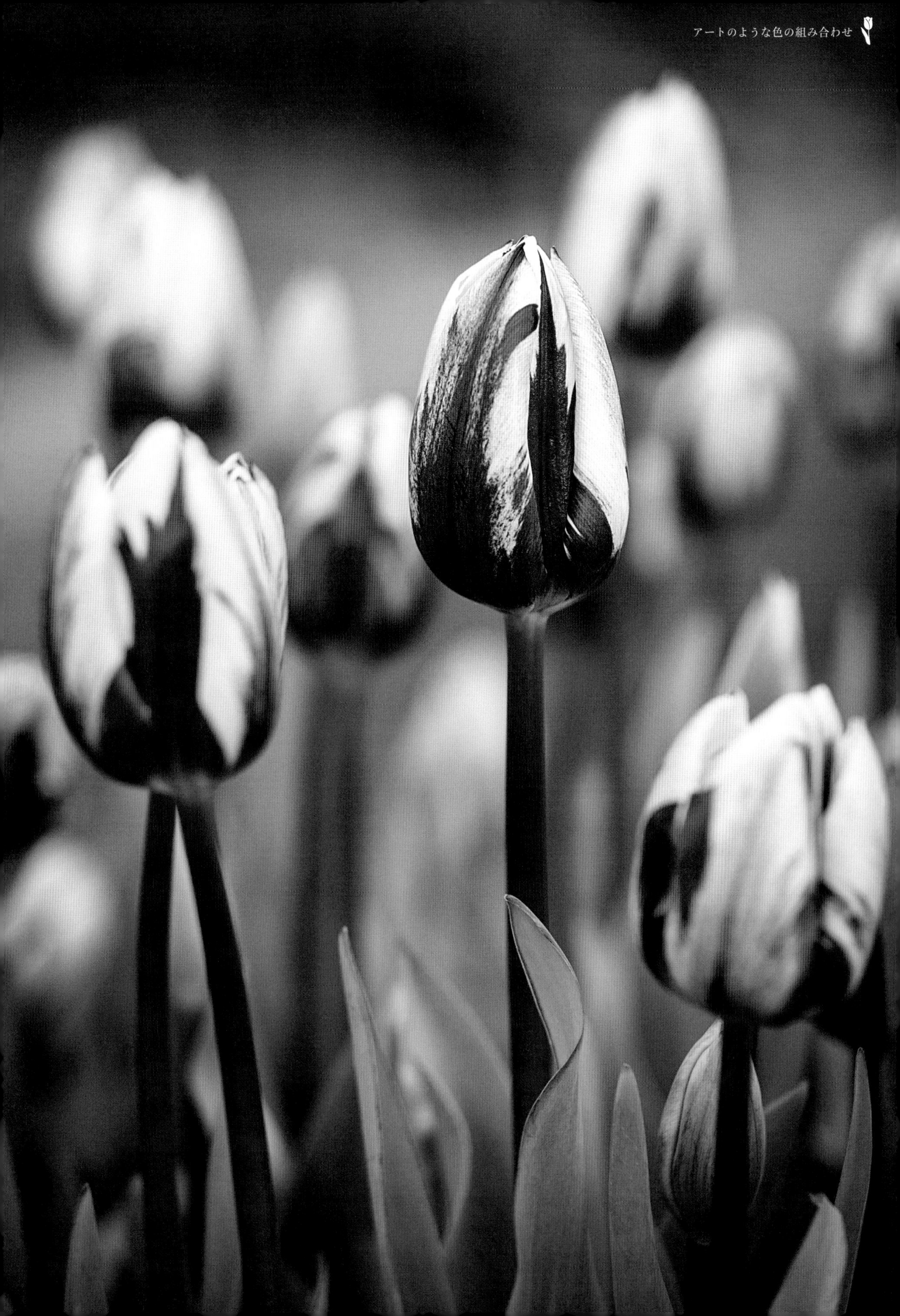

レムズフェイバリット

Apricot Parrot
アプリコットパーロット

実物の美しさと名前のイメージがかけ離れたチューリップの最たる例が、'アプリコットパーロット'だ。確かに花びらには杏色が見られるが、実際には、ホットピンク、オレンジ、白が混じり合った見事な色合いで、目がくらむほど華やかな心温まる花だ。じっくりと観察する価値のある、最も絵画的な花である。

緑色を帯びた白の蕾が割れると、オレンジ、くすんだバラ色、ミントグリーン、スミレ色、レモン色の輝きが現れる。花びらには花脈に沿って切れ込みが入り、巻き上がった部分によって、色合いが唐突に変化する。花

びらが開くにつれ、鮮やかな色彩が調和する夕焼け色に変貌する。緑の羽状模様が入った杏色とクリーム色の花びらが平らに広がると、オレンジ、杏色、くすんだピンク、珊瑚色、スミレ色、黄色が日差しを浴びて輝きを放つ。緑色の雌しべは、彫刻のような黄色い柱頭を頂き、雄しべは長く真っ黒だ。

'アプリコットパーロット'は、華麗な美しさに加え丈夫で育てやすく、花壇でよく育つ。1961年にH.G.ホイヒにより登録され、1993年にイギリス王立園芸協会のガーデンメリット賞を受賞した。

[分　　　類] パーロット系
[花　　　期] 中生から晩生
[日当たり] 日向
[用　　　土] 肥沃で水はけの良い用土
[植え付けの深さ] 17cm
[球根の間隔] 10cm
[平均草丈] 50cm
[相性の良い植物] 'クイーンオブナイト'や'ブラックパーロット'など、暗い色のチューリップと寄せ植えしよう
[切り花として] じっくり観察したくなる、見事な花
[休眠処理] 不可
[類似の品種] オレンジの色調がより強い'ラスタパーロット'

Flaming Spring Green
フレーミングスプリンググリーン

紛れもなく優雅で、美しい模様の入ったこのチューリップは、先端の白い、緑色の蕾をつけ、細やかに描かれた花を咲かせる。

象牙色の花びらを彩る、緑色とプラム色の繊細な炎は、花が成熟するにつれ花びら全体に広がり、緋色とモスグリーンの色調に変わる。花は広がると完璧な椀形になる。エキゾチックな中心部は、各花びらの下半分がライムグリーンに染まり、濃い赤の羽状模様を繰り返し、まるで微細な万華鏡をのぞいているかのようだ。緑色の雌しべは、3裂した白い柱頭を頂き、葯は黄色で、花糸は暗いスミレ色だ。

このチューリップは、緑の茂みに囲まれると特に美しい。

'フレーミングスプリンググリーン'は、1999年にオランダの球根栽培会社 J.デ・ヴィット＆サンズにより発表された。

[分　　　類] ビリディフローラ系
[花　　　期] 晩生
[日当たり] 日向
[用　　　土] 肥沃で水はけの良い用土
[植え付けの深さ] 15cm
[球根の間隔] 10〜15cm
[平均草丈] 40〜50cm
[相性の良い植物] *Euphorbia characias*（ユーフォルビア カラキアス）
[切り花として] 紛れもなくおしゃれな花
[休眠処理] 不可
[類似の品種] 赤い羽状模様がない以外は同じ'スプリンググリーン'

Doorman's Record

ドーマンズレコード

簡単に言うなら、'ドーマンズレコード'は赤いチューリップだが、実に多くの色調が見られるため、そういう単純な表現では言い尽くせない。

このチューリップは灼然とした緋色で、陽気な色合いのオレンジがほのかに差す。その色合いを、れんが色と真紅の炎模様と、モスグリーンの舌状斑が強調している。各花びらは、硫黄色で細やかに縁取られ、細くはがれた部分は、強い赤色の小さな飾りピンのようだ。蕾はダムソンプラム色を帯びた緑色で、巻き上がったコッパーカラーが垣間見える。カップ形の花の中心部では、根元にあるカナリアイエローの斑が、淡い色の雌しべと真っ黒な雄しべを際立たせている。

'ドーマンズレコード'は1975年にA.バックム他により登録された。

[分　　　類] パーロット系
[花　　　期] 中生
[日当たり] 日向
[用　　　土] 肥沃で水はけの良い用土
[植え付けの深さ] 17cm
[球根の間隔] 10cm
[平均草丈] 40〜50cm
[相性の良い植物] 'クイーンオブナイト'や'ブラックパーロット'などの濃い紫色のチューリップや、コッパーカラー系のニオイアラセイトウ(*Erysimum cheiri*)と寄せ植えして強烈な色合いを楽しもう
[切り花として] 花びんに生けるとドラマチックそのもの
[休眠処理] 不可
[類似の品種] 'ロココ'

ドーマンズレコード

THE WHIMSICAL DELIGHT
オリジナリティ豊かな
チューリップ

Artist
アーティスト

その名にふさわしく、'アーティスト'は絵画的なチューリップだ。変化する美しい色彩は、ターナーの作品を思わせる。

鮮やかなモスグリーンの蕾には、ダムソンプラム色の小さな斑点が入り、花が開くにつれて、濃い紫、サーモンピンク、オレンジ、微かな金色の斑が現れる。花びらは淡いサーモンピンクに染まり、揺らめく炎模様で彩られる。緑から、プラム、ラズベリー、スミレ、シェルピンク、バターイエロー、コッパーが現れ、細い脈状に染まった色合いが、にじみ合うように次の色へと移り変わる。このチューリップはかなり丈が低く、灰緑色の葉は波打っている。

濃い鮮やかな色の花と一緒に花壇に寄せ植えするとよい。育てやすく、ボーダー花壇でもコンテナでもよく育つ。

'アーティスト'は、カプテイン・ブロスにより1947年に登録され、1995年にイギリス王立園芸協会のガーデンメリット賞を受賞した。

[分　　類] ビリディフローラ系
[花　　期] 中生から晩生
[日当たり] 日向
[用　　土] 肥沃で水はけの良い用土
[植え付けの深さ] 17cm
[球根の間隔] 10〜15cm
[平均草丈] 30cm
[相性の良い植物] 暗赤色やくすんだオレンジ色のエゾスズシロ（エリシマム）属
[切り花として] 鮮やかな2色咲きの'アーティスト'は、さまざまな色を集めた花束に美しく融け合う
[休眠処理] 不可
[類似の品種] コッパーとグリーンのビリディフローラ系の'グリーンリバー'

アーティスト

Tulipa acuminata

トゥリパ アクミナタ

細い炎のような奇抜な形状をしたこのチューリップは、原種系ではなく園芸品種で、その起源はわかっていない。ただし、1813年にコペンハーゲン大学植物園で栽培されていたという記録がある。正名は、*Tulipa cornuta* やチューリップ属‘コルヌタ’品種などさまざまな説があるが、球根栽培者は引き続き *T. acuminata* と呼んで販売しているため、正名で探しても見つけにくい。

ほっそりとした茎に緑色の蕾をつけ、細長い花びらは、真紅で縁取られた黄色で、それぞれが炎のように、気まぐれにねじれたり曲がったりする。さわやかな黄色の柱頭を頂く雌しべは緑色で、雄しべは黄色。全体の印象は個性的、独創的で、目を引きつける。花をつけた茎はねじれ、美しく弧を描き、葉の中から堂々と立つ。

T. acuminata の開花は長く続かないが、植える価値がある。造園家に好まれ、購入シーズンの初期に売り切れやすいので、この美しい花を自宅の庭に植えたければ、早めに入手しよう。‘ファイヤーフレーム’という通称でも知られている。

[分　　類] その他
[花　　期] 中生から晩生
[日当たり] 日向か半日陰
[用　　土] 肥沃で水はけの良い用土
[植え付けの深さ] 10cm
[球根の間隔] 7.5cm
[平均草丈] 40〜50cm
[相性の良い植物] 丈の低い原種系チューリップ‘トゥリパタルダ’やヘメロカリス(ワスレグサ属)
[切り花として] 確実に注目されるだろう
[休眠処理] 不可
[類似の品種] なし

Carnaval de Nice

カーナバルデニース

チューリップというより牡丹に似た外観をもち、美しいメレンゲ菓子のような'カーナバルデニース'は、コテージガーデンのボーダー花壇に理想的な花だ。

緑の蕾がパッと開くと、ぎっしり詰まった白い花びらが現れる。抽象画のように深紅の筋が描かれ、よく見ると、黄や緑、スミレ色の小さな斑点が入っている。花が開くにつれ、花びらはほんのりと薄紅色に染まり、深紅の筋は薄くなり、ラズベリーピンクの羽状模様になる。'カーナバルデニース'の柔らかな色彩は、個性的であ

りながらも、ボーダー花壇の多くの植物と美しく融けあう。花の中心部では、花びらの根元の黄色い斑が、浅緑色の雌しべと真っ黒な雄しべを照らす。灰緑色の葉には白い縁取りがあり、その中から、赤らんだ花が誇らしげに伸びる。

'カーナバルデニース'は、1868年創業のオランダの球根栽培会社C.G.ファン・チューベルヘンにより1953年に発表され、1999年にイギリス王立園芸協会のガーデンメリット賞を受賞した。

[分　　類] 八重遅咲き系
[花　　期] 晩生
[日当たり] 日向
[用　　土] 肥沃で水はけの良い用土
[植え付けの深さ] 15cm
[球根の間隔] 10cm
[平均草丈] 50cm
[相性の良い植物] 葉が生い茂るゼラニウムや、スイセン属の白い花と一緒に植えよう
[切り花として] 壮麗
[休眠処理] 不可
[類似の品種] 'フレーミングマルガリータ'

Tulipa didieri
トゥリパ ディディエリ

このかわいらしい原種系チューリップは、フランスの
サヴォワ県が原産で、かつては西アルプス山脈に自生
していた。元々はアジアから持ち込まれた、ネオ・トゥ
リパエと呼ばれる、ヨーロッパに帰化した種だ。

Tulipa didieri は優雅な真紅の花を咲かせ、先端が尖っ
た百合のような花びらが反り返る。花びらの根元の黒

い斑にはクリーム色の細い縁取りがあり、それぞれの
色がにじむように、隣り合う色に融け込んでいる。緑
色の蕾は先端が赤で、花が成熟し開くにつれ色が強く
なり、つやを帯びる。雄しべは濃いスミレ色で、雌しべ
はクリーム色だ。多くの原種系チューリップと同様に、
変種を生みやすく、黄色や白の花をつけることもある。
葉は3〜4枚だけで、先が尖っていて高く伸びる。

[分　　類] 原種系
[花　　期] 中生から晩生
[日当たり] 日向
[用　　土] 肥沃で水はけの良い用土
[植え付けの深さ] 7.5cm
[球根の間隔] 5cm
[平均草丈] 30cm
[相性の良い植物] たくさんのプシュキニアと寄せ植えしよう。プシュキニアは白地に青のかわいい花で、少し早く咲くが、
乾燥した夏を好む
[切り花として] 向かないが、もし自宅の土になじんで繁殖したら摘んで楽しもう
[休眠処理] 不可
[類似の品種] *Tulipa systola*

Tulipa aucheriana

トゥリパ アウケリアナ

恥ずかしがり屋のこのチューリップの花は、曲がりくねる非常に細長い葉の根元から、茎をほんの少しだけ伸ばし、顔をのぞかせる。

長いピンクの蕾が割れると、星形の小さな花が、日差しを浴びて完全に開く。ローズピンクの花びらは、先端が白く、根元に黄褐色の斑がある。斑の上部は白っぽいがやがてにじんでローズピンクに融け込む。雌しべは浅緑色で、黄色い柱頭を頂き、雄しべも黄色だ。

イランが原産で、1880年に、百合と蝶の熱心な収集家であるヘンリー・エルウェスによりイギリスに持ち込まれた。それ以前にこの植物を採取していた、ピエール・マルタン・レミ・オシェル＝エロワという大層な名前をもつフランスの植物収集家のAucher にちなんで、Aucheriana と名付けられた。

日向の水はけのよい場所(トラフが理想的)に植えたら、用土になじみ繁殖するのを見守ろう。

1993年にイギリス王立園芸協会のガーデンメリット賞を受賞した。

[分　　類] その他
[花　　期] 中生
[日当たり] 日向
[用　　土] 肥沃で水はけの良い用土
[植え付けの深さ] 7.5cm
[球根の間隔] 7.5cm
[平均草丈] 10〜15cm
[相性の良い植物] 他の高山植物と一緒にトラフに寄せ植えしよう
[切り花として] 摘むには小さくかわいすぎるため向かない
[休眠処理] 不可
[類似の品種] *T. humilis* 'オダリスク'

Lady Jane
レディージェーン

‘レディージェーン’は小型で、カメレオンのように色を変えるのが特徴だ。ただし、新しい環境に落ち着くまでに少し時間がかかる。

ピンクを帯びた緑の長い蕾は、細く丈夫な茎からすっくと立ち、成熟すると、フルートグラス形の繊細な花が現れる。花は日差しを浴びて完全に開き、優美な星形を作る。外側の3枚の花びらの背面の色は、白い縁取りのある暖かいローズピンクで、内側の3枚の白い花びらをしっかり包んでいるが、開花すると、花びらの内側は全て白で、ごくほのかなピンクに色づく。つまり、最初にピンクの花が咲き、次に白い花に変わるのが、‘レディージェーン’の素晴らしさ。花の中心部では、花び

らの根元の黄色い斑が、レモン色の柱頭を頂いた緑の雌しべと、真っ黒な長い雄しべを縁取る。葉は薄く、アーチ状に湾曲し、時間をかけて大きな茂みを作る。庭の土になじんで数が増えていくと、まるで星形のカーペットを一面に敷いたような光景に出会えるだろう。

‘レディージェーン’は、原種系チューリップ *Tulipa clusiana*（トゥリパ クルシアナ）の園芸品種の一つであり、W.ファン・リーロップ＆ゾーン社により、1992年に登録された。このような原種系チューリップの園芸品種を、イギリスでは一般にボタニカルチューリップと呼んでいる。2008年にはイギリス王立園芸協会のガーデンメリット賞を受賞した。

[分　　類] その他
[花　　期] 早生
[日当たり] 日向
[用　　土] 肥沃で水はけの良い用土
[植え付けの深さ] 10cm
[球根の間隔] 7.5cm
[平均草丈] 25cm
[相性の良い植物] *Anemone blanda*（アネモネ ブランダ）
[切り花として] 甘美
[休眠処理] 不可
[類似の品種] *T. clusiana*（クルシアナ）‘ペパーミントスティック’

レディージェーン

Oviedo
オビエド

繊細な色合いをもつ'オビエド'は、一見ピンクに見えるが、よく見ると複雑に彩られていることがわかる。

蕾は浅緑色で、開花すると、白地の花全体に、さまざまな明るさのプラム色の細い線が描かれ、陰影がつく。そのため、青みの白から、ラベンダー色、陰影部分の濃いプラム色へと色調が移り変わる。内側の花びらは、

ごく淡いラベンダー色で、根元は黄色に染まる。花びらの縁は、不規則な切れ込みで軽やかに飾られている。

'オビエド'は、チューリップの栽培と流通を手がけるオランダ企業フェルチュコ社により2008年に登録された。

[分　　類] フリンジ系
[花　　期] 中生から晩生
[日当たり] 日向
[用　　土] 肥沃で水はけの良い用土
[植え付けの深さ] 15〜20cm
[球根の間隔] 10cm
[平均草丈] 40〜50cm
[相性の良い植物] *Myosotis alpestris*（ミオソティス アルペストリス）'ホワイト'（ノハラワスレナグサ）
[切り花として] 魅力的
[休眠処理] 不可
[類似の品種] フリンジ系チューリップで、中間色のスミレ色の'ブルーヘロン'

グリーンマイル［上］、ファンシーフリル［右］

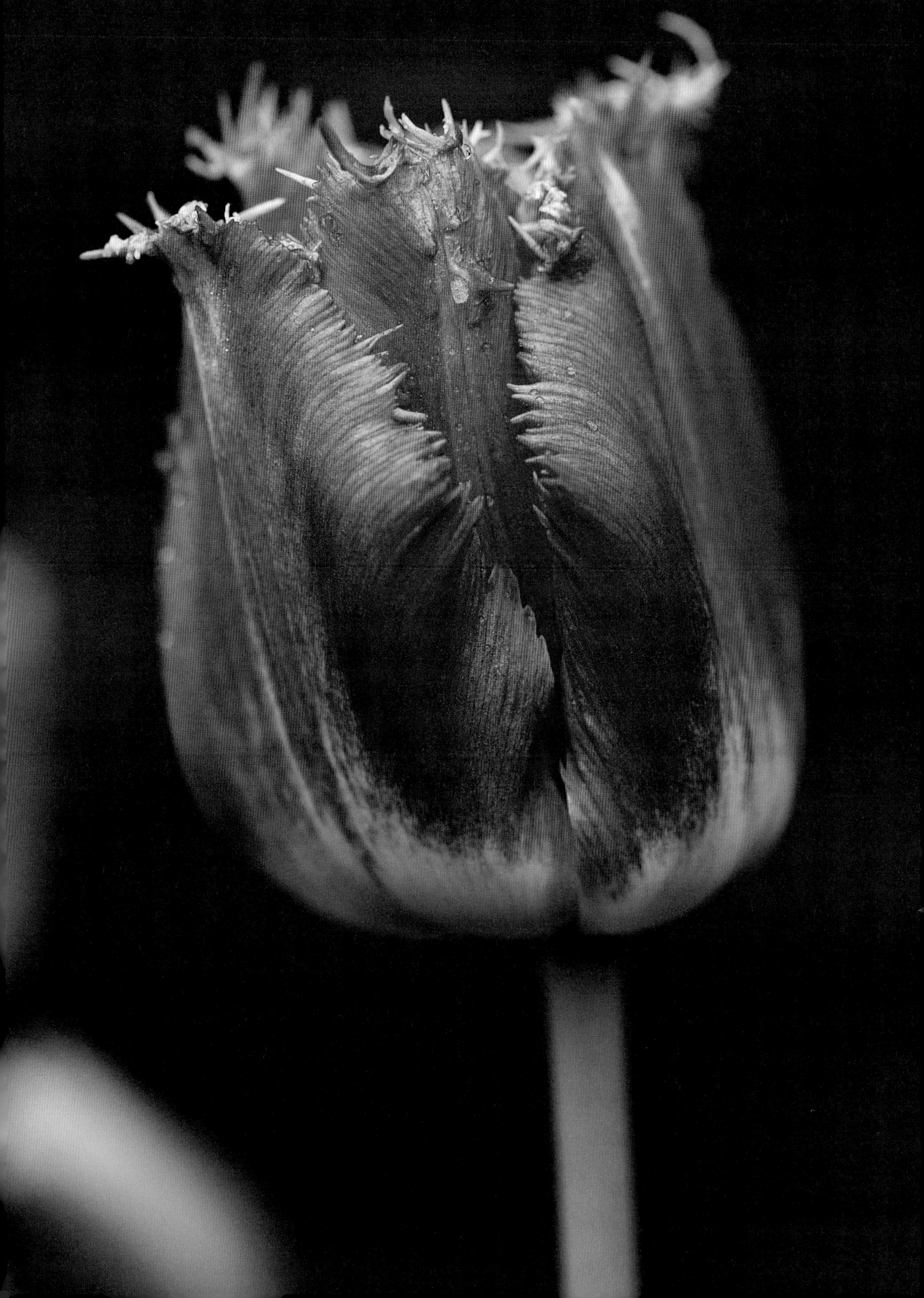

Tulipa clusiana var. chrysantha

トゥリパ クルシアナ 変種クリサンタ

この小さなチューリップは、見た目は繊細だが意外にもタフで、適切な場所に植えれば元気に繁殖する。

垂れ下がった茎に緑色の蕾をつけるが、茎が直立して紫色に変わると、蕾も真っ直ぐ立つ。インディアンレッドの外側の3枚の花びらが開くと、内側はカナリアイエローで、根元が赤く染まる。花びらはほっそりと長く、先の尖った美しい形で、湾曲して上品なフルートグラス形を作る。曇りの日は、花は閉じたままだが、日差しを浴びると完全に開き、黄色い星形の中心部に、浅緑色の雌しべと黄色い雄しべが見られる。長くすらりとした灰緑色の葉は、優美な弧を描いて美しく垂れるため、花は葉よりもかなり高く咲く。

コーカサス地域が原産で、水はけの良い土壌でよく育つが、風や過度の雨を避けた方がいい。コンテナに植えてもよく育つ。

Tulipa clusiana var. *chrysantha* は、1993年にイギリス王立園芸協会のガーデンメリット賞を受賞した。16世紀のオランダの植物学者カロルス・クルシウスにちなんで命名され、'ゴールデンレディーチューリップ'との別名ももつ。

[分　　類] その他
[花　　期] 中生
[日当たり] 日向
[用　　土] 肥沃で水はけの良い用土
[植え付けの深さ] 15cm
[球根の間隔] 10cm
[平均草丈] 20cm
[相性の良い植物] 繁殖して広がるため、ゆとりを持って植え、単独で楽しもう
[切り花として] 優美で独特
[休眠処理] 可
[類似の品種] 外側の3枚の花びらの背面が赤ではなく、くすんだオレンジの *T. kolpakowskiana*

Tulipa linifolia

トゥリパ リニフォリア

Tulipa linifolia は、草丈は低いものの、つやつやの花びらと、鮮やかな緋色をもつため、花壇でかなり目を引く存在だ。

緑の蕾が開くと、先端が尖った美しい形の花びらが、大きく開いて浅い椀形を作る。各花びらの根元にある、紫を帯びた黒い斑が、淡黄色の柱頭を乗せた浅緑色の雌しべを囲み、斑と同じ色の長く太い雄しべが、つけまつげのように飛び出している。ただし、原種系は変種が発生しやすいため、黄色い雄しべをつけることもある。葉はすらりと長く縁が波打ち、主脈が見え、輪生して広がる。

イランと中央アジアが原産で、水はけのよい日向の、風雨を凌げる適切な場所に植えれば、帰化して毎年花を咲かせるだろう。

Tulipa linifolia は、1993年にイギリス王立園芸協会のガーデンメリット賞を受賞した。

[分　　類] 原種系
[花　　期] 中生から晩生
[日当たり] 日向
[用　　土] 肥沃で水はけの良い用土
[植え付けの深さ] 10〜15cm
[球根の間隔] 7.5cm
[平均草丈] 10cm
[相性の良い植物] 花壇には単独で植えよう
[切り花として] 茎が短いため向かない
[休眠処理] 不可
[類似の品種] 花型は同じだが、パステルイエローの *T. batalinii*

Claudia
クラウディア

'クラウディア'の凛とした優雅な花は、花壇で一際目を引く。

花びらの強烈なラズベリーピンクは、すっきりした花型を際立たせ、白の縁取りににじみ出す。黄色い柱頭を頂く緑の雌しべを、黄色い葯をつけたスミレ色の花糸が囲み、さらに花びらの根元の白い斑が取り囲む。緑の蕾が割れると、ほのかなピンクが現れ、さらに開くと、縦にカールしたピンクの花びらから、白い筋が垣間見える。キュッとくびれた花が成熟すると、縁が内側に巻き上がった花びらが優美なカップ形を作る。

花は葉の中からすっくと立ち、茎はすらりと長いが、風に弱いため、風雨を凌げる場所に植えよう。

'クラウディア'は、1998年にオランダのチューリップ育苗会社J.W.レウス・ブルームボーレン社により発表された。

[分　　類] ユリ咲き系

[花　　期] 中生から晩生

[日当たり] 日向

[用　　土] 肥沃で水はけの良い用土

[植え付けの深さ] 15〜20cm

[球根の間隔] 10〜15cm

[平均草丈] 60cm

[相性の良い植物] チューリップ属の'クイーンオブナイト'や'ホワイトトライアンファター'、Lamprocapnos spectabilis 'アルバ'（白いケマンソウ）と一緒に植えると見事

[切り花として] 単独でも、白とピンクの他の花と合わせても秀逸

[休眠処理] 可

[類似の品種] 成熟すると花びらが完全に開く'バラード'

クラウディア

West Point
ウエストポイント

'ウエストポイント'は、兵隊のような姿勢で、長い茎の上にじっと直立する。ユリ咲き系の精緻な花は垂直を保ち、縁の波打つ灰緑色の葉から抜きん出て、決して姿勢を崩さない。この誇り高い姿勢が原因で、風に弱く傷みやすいため、風雨を凌げる場所に植えるのがよい。

緑の蕾が開くと、緑を帯びた黄色に変わるが、硬い蕾が成熟するにつれ、暖かな色合いになり、黄色の鮮やかさが和らぐ。波打つ花を形作る、長く先細りした花びらは、きれいに折りたたまれて反り返り、成熟すると美しくねじれる。花の中をのぞくと、緑の雌しべが黄色い雄しべに囲まれており、甘い香りが漂う。群生させると、世界的なバレエ団のように、優雅にそよ風に揺れる。

'ウエストポイント'は、1943年にデ・モル＆A.H.ニューウェンハイスにより登録された。

[分　　　類] ユリ咲き系
[花　　　期] 晩生
[日当たり] 日向
[用　　　土] 肥沃で水はけの良い用土
[植え付けの深さ] 17cm
[球根の間隔] 10cm
[平均草丈] 50cm
[相性の良い植物] スパイダー咲きの黄色いヘメロカリス'チェスターサイクロン'や、プラム色のヘメロカリス'バッキーボールズ'の茂みの周りに点々と植えよう
[切り花として] ハッとするほど美しい
[休眠処理] 不可
[類似の品種] 白と黄色の2色咲きのユリ咲き系チューリップの'バドライト'

Queensland
クイーンズランド

'クイーンズランド'は、とびきりかわいい、ふわふわの綿菓子のようだ。満開になると特徴的なフリルが一際目を引く。

蕾は緑で、開き始めの八重の花びらは草色の下地にサーモンピンクの炎模様が描かれ、やがてバラ色を帯びたピンクに変化する。蕾が開くと、縁の切れ込みは薄紅色のフリンジに変わる。花が成熟するにつれ、色はあせて薄紅色になるが、花の中心近くにはラズベリーピンクが残るため、波打つ花全体が、まるでピンクのアイスクリームサンデーのように見える。中心部には、淡い柳色の雌しべが、バターイエローの雄しべに囲まれている。葉は標準的で、チュチュのように可憐な花を乗せている。

'クイーンズランド'は、フェルチュコ社により2006年に登録された。

[分　　類] フリンジ系
[花　　期] 中生から晩生
[日当たり] 日向
[用　　土] 肥沃で水はけの良い用土
[植え付けの深さ] 20cm
[球根の間隔] 10cm
[平均草丈] 30cm
[相性の良い植物] 青、ピンク、白のワスレナグサ属のいずれかまたは3色全て
[切り花として] とても美しい
[休眠処理] 不可
[類似の品種] ピンクのフリンジ系だが、甘い色合いがほんの少しだけ弱い'ベルソング'

Doll's Minuet
ドールズメヌエット

ビリディフローラ系にしては丈の高い'ドールズメヌエット'は、白い筋の入った、ふっくらした蕾をつける。

蕾が成熟して割れ始めると、チェリーレッドの花が姿を現す。花にはスミレ色の細かな筋と、中央の花脈に沿って柳色とモスグリーンの羽状模様が入り、開花するにつれ、ダムソンプラム色、さらに濃いスミレ色へと変化し、先の尖った花びらは逆さまの鐘(ベル)形を作る。花びらは完全には広がらないが、成熟するにつれ、伸びたりねじれたりする。

このチューリップは直立の姿勢をとるが、雨に打たれるとたわみ、乾くと再び元の姿勢に戻る。植えたままにすると、次の年も花を咲かせるが、翌年は衰える。

'ドールズメヌエット'の青みがかったピンクは、強い色合いなので、庭の他の植物との相性を考慮して、植える場所に注意しよう。緑、濃い紫、青とよく合い、コンテナでもボーダー花壇でもよく育つ。

'ドールズメヌエット'は、1968年にオランダの球根栽培会社コネイネンブルク＆マルクにより登録された。

[分　　　類] ビリディフローラ系
[花　　　期] 晩生
[日当たり] 日向
[用　　　土] 肥沃で水はけの良い用土
[植え付けの深さ] 17cm
[球根の間隔] 10cm
[平均草丈] 35cm
[相性の良い植物] 迷うときは、ムスカリ属(グレープヒヤシンス)やワスレナグサ属を選ぼう
[切り花として] 鮮やか
[休眠処理] 不可
[類似の品種] スミレ色と紫色で、緑の炎模様が入る'パープルドール'

Bastia
バスティア

このチューリップの魅力の一つは、プラム系、コッパー系、金茶系の鮮やかな色調の中から、どんな色を帯びるのか、ほとんど予測がつかない点だ。

緑の蕾には紫の斑点が入り、花が開くにつれ、くすんだオレンジ色で縁取られた紫色の花びらが現れる。成熟し咲き進むにつれ、プラム色の縞模様と金茶のフリンジで飾られる花は、明るさと鮮やかさを増すが、緑の雌しべと真っ黒な雄しべは花びらの陰に隠れたままでいる。

花びらをふんだんにつけた八重の花は、贅沢なフリンジの装飾とドラマチックな色合いから、1930年代の豪華なランプシェードを彷彿させる。ボーダー花壇に植えると、視線を釘付けにするだろう。

'バスティア'は、2011年にオランダのフェルチュコ社により登録された。

[分　　類] フリンジ系
[花　　期] 中生から晩生
[日当たり] 日向
[用　　土] 肥沃で水はけの良い用土
[植え付けの深さ] 10〜15cm
[球根の間隔] 10〜15cm
[平均草丈] 40cm
[相性の良い植物] 暗赤色やくすんだオレンジ色のエリシマム（エゾスズシロ）属と寄せ植えしよう
[切り花として] 鮮やかでエキゾチック
[休眠処理] 不可
[類似の品種] なし

Virichic

ビリチック

花びらの縁が内側に巻き上がった、百合のような美しい形の'ビリチック'は、緑の蕾から開花し、花が成熟するにつれて色彩が変化する。

最初は、波打つ薄紅色の花びらの尖った先端から根元にかけて、若竹色の炎模様が入る。数日後に花びらは薄紅色が深みを増して、鮮やかな朱鷺色に変わる。炎模様は、縮んで1本のモスグリーンの筋になり、揺らめくような淡黄色の陰影がつく。緑の雌しべはレモン色の柱頭を乗せ、栗色の花糸には黄色い葯がついている。

花がそよ風に揺れると、緑の炎模様が周りの茂みと融け合い、キラキラと輝く光景が目を楽しませてくれる。

'ビリチック'は、新しい球根の市場投入に特化した、オランダのホラント・ボルロイ・マルクト社により2002年に登録された。

[分　　類] ビリディフローラ系
[花　　期] 晩生
[日当たり] 日向
[用　　土] 肥沃で水はけの良い用土
[植え付けの深さ] 17cm
[球根の間隔] 10cm
[平均草丈] 50cm
[相性の良い植物] *Camassia leichtlinii* （カマッシア レイクトリニイ）
[切り花として] 実に美しく、他のピンクのチューリップとよく合う
[休眠処理] 不可
[類似の品種] 'チャイナタウン'

ワウ

Shirley
シャーリー

背の高いこのチューリップの色彩と模様は、どことなくスイートピーを思わせる。

クリーム色を帯びた緑の蕾が開くと、象牙色の花びらが現れる。各花びらは、縁取りのラベンダー色がにじみ出して繊細な縞模様を作り、縁から中心に向かって、細かな線や斑点が放射線状に刻まれる。透明感のある花びらは美しいカップ形を作る。花が成熟するにつれ、繊細なラベンダーの色調は花びらのあちこちに広がり、花びらごと、また花ごとに、微妙に異なる色合いを楽しめる。花の中心部をよく見ると、花びらが鮮やかな青い色調を帯び、クリーム色の雌しべを、真っ黒な雄しべが囲んでいる。トライアンフ系らしい繊細な見かけにもかかわらず、とても丈夫なチューリップだ。

'シャーリー'は、オランダのスコールル村出身の元パイロット、F.C.ビクにより交配され、シント・パンクラス町出身で、チューリップの品種改良と交配を手がけるヤックス・トル・ジュニアにより1968年に登録された。ヤックスと同僚のF.C.ビクは、'ピノキオ'の作出でよく知られている。'ピノキオ'は小型のチューリップで、赤と白の2色咲きの花をつけ、元気に自然繁殖する。

[分　　　類] トライアンフ系
[花　　　期] 中生から晩生
[日当たり] 日向
[用　　　土] 肥沃で水はけの良い用土
[植え付けの深さ] 17cm
[球根の間隔] 10cm
[平均草丈] 45〜50cm
[相性の良い植物] *Myosotis alpestris*'ホワイト'（ノハラワスレナグサ）、*Nigella damascena*（クロタネソウ）、チューリップ属'ネグリタ'
[切り花として] 優しく繊細で、白やクリーム色のアレンジメントにすると美しい
[休眠処理] 可
[類似の品種] 'インフィニティ'

Tulipa whittallii

トゥリパ ウィッタリイ

トルコを原産とする魅力的なチューリップで、ほっそりした茎の上に直立し、くすんだオレンジ色のかわいらしい花をつける。

黄緑色の蕾が開くと、小さなゴブレット形の花が現れる。各花びらは、細い中心線で二分されており、根元の暗い斑には黄色い炎のような縁取がある。雌しべは先が黄緑色で、山吹色の柱頭を乗せ、深緑の花糸に真っ黒な葯がついている。適切な環境に植えると、このチューリップは自然繁殖で増える。

エドワード・ウィットール(1851〜1917年)は熱心な植物学者で、家族がイチジクやスグリの実などの輸出業を営んでいたトルコのボルノワに、自生種の植物をふんだんに取り入れて美しい庭園を作った。彼はこの庭園で、後のイギリス国王ジョージ5世となるプリンス・オブ・ウェールズや、作家のガートルード・ベルなどの著名人をもてなした。また、彼が同定した7種の新種には、彼に敬意を評して*whittallii*という種小名がつけられている。チューリップの他に、ヒガンバナ科ガランサス属(マツユキソウ属)のスノードロップとユリ科フリチラリア属(バイモ属)にも彼の名を冠した植物がある。

トゥリパ ウィッタリイが独立した種ではなく、*T. orphanidea*の変種かどうか、植物学者の間で意見が一致していない。現在では、一般に*T. orphanidea*のウィッタリイグループに分類されている。本種が撮影されたケンブリッジ大学植物園では、*T. whittallii*と表示されているため、本書ではそれに倣っている。

[分　　類] その他
[花　　期] 中生から晩生
[日当たり] 日向
[用　　土] 肥沃で水はけの良い用土
[植え付けの深さ] 20cm
[球根の間隔] 7.5cm
[平均草丈] 25cm
[相性の良い植物] *Fritillaria uva-vulpis*を背景に、*Iris tuberosa*を前景に植えよう
[切り花として] とても美しい
[休眠処理] 可
[類似の品種] 花びらが黄色で先端が赤橙色の*Tulipa orphanidea*'フラバ'

育て方と手入れ

数世紀にわたる歴史をもつチューリップは、形状、色、模様が驚くほど多様化している。基本的な性質を理解し、自宅の庭に美しいチューリップを簡単に咲かせよう。

球根のライフサイクル

球根とは、冬の間植物に栄養を与えるために、養分を貯蔵する器官だ。ただしスイセンやヒヤシンスなどの他の球根植物とは異なり、チューリップの成熟した球根は1度しか開花しない。

球根に蓄えられたエネルギーを使って、葉と花が芽を出し成長すると、新しい子球もできる。子球は、葉と茎が枯れた後でも成長を続けるが、親球はしおれて枯れる。チューリップの園芸品種の中には、次世代の子球の生命力があまり衰えないものがある。これらは、植えたままでも、数年間繰り返し花を咲かせるが、年を追うごとに花の見栄えは衰えていく。

球根の外側には、内部を保護する、薄い紙のような層の外皮がある。球根の内部には、肉厚の鱗片葉で囲まれた中心部に、茎、未成熟の花の蕾、茎盤がある。茎盤は、蕾や鱗片葉、圧縮された茎（短縮茎）を根と結びつけるもので、根はここから下へ、側球とも呼ばれる子球はこのすぐ上から、成長し始める。球根を縦半分に切って切断面を観察すると、これらの器官がよく見えるはずだ。球根はむだになるが、興味深いレッスンになるだろう。

植え付けた後、チューリップの球根は根系を伸ばし始める。根系は、水分と養分を吸収するとともに、しっかりした基盤を確立して、葉や花が形成された植物を支え、固定する働きをもつ。

気温が下がると、球根は準備期間に入る。最低気温が5℃以下の、冷涼な気候が10〜16週間続くことが必要だが、それよりもっと寒い気温条件にも耐えられる。気温が上がると、球根は蓄えたでんぷんを糖質に変換し始め、葉と胚の中に形成された花が成長を始め、上へ伸びて球根の外に現れる。

園芸品種のチューリップは、種子の形成にエネルギーをむだ使いするのを防ぐために、開花後のしおれた花がらを摘み取ることがとても大切だ。ただし、葉と茎は形成されつつある子球に養分を供給し続けるため、自然に枯れるのを待たなければならない。球根はその後休眠期に入る。

温度・湿度調節

チューリップの原産地は、だいたい北緯40度線に沿った、中央アジアとヨーロッパ南東部だ。そのため、球根を断熱性のある土のベッドに入れて雪の毛布をかけてやれば、厳冬も越せる。チューリップは太陽が照りつける、暑く乾燥した夏が大好きで、春の成長期には水分がたっぷり必要だ。風通しが良く、すらりと長い茎に強風が吹き付けない場所がふさわしい。

世界のチューリップの球根の大部分は、理想的な気候ではないオランダで栽培されている。それは、生産者が、球根に温度・湿度処理を施して、自生地の環境を再現しているから。買い手が秋に球根を受け取るときには、下処理が済んでいて、球根は冬の間、冷たい土のベッドに入る準備ができているのだ。

アメリカ農務省（USDA）は、最低気温に基づいて国土を地域ごとに分け、アラスカのアンカレッジなどを含むゾーン1から、ハワイのゾーン12まで（自治連邦区プエルトリコを含めるとゾーン13まで）、数字を使って表している。植物の耐寒性を示すこの地域区

分のうち、チューリップはゾーン 3 〜 10 の地域に植えられるが、植え付けの時期は地域ごとに調整する必要がある。ゾーン 3 〜 5 では 9 月〜 10 月、ゾーン 6 〜 7 では 10 月〜 11 月、ゾーン 8 〜 9 では 11 月〜 12 月、ゾーン 10 では 12 月〜 1 月に球根を植えるとよい。

アメリカのゾーン 8 〜 10 など、暖かい地域であれば、発根を促すために、寒冷な時期を再現する必要があるだろう。チューリップを強制的に早く咲かせるためにも有効な手段で、住んでいる地域に推奨される植え付け時期の 8 〜 10 週間前から球根を冷蔵庫で冷やすだけでよい。球根の冷却についての詳細は、p.210「休眠処理」を参照しよう。

理想的な花壇

チューリップは日向に植えるとよく育つ。北半球では、南向きか南西向きのボーダー花壇に植えるのが理想的だ。半日陰に耐えられる品種もあるが、ほとんどのチューリップは、壁やフェンス、生垣、他の植物などの陰になるのを嫌う。ただし、チューリップが盛んに成長する時期、多くの茂みや木は、まだ葉をつけていないはずなので、夏に日陰になる場所でも、春には十分な日差しが降り注ぐかもしれない。最も避けなければいけないのは、蕾や若い葉を傷めやすい霜穴や、湿気の多い泥地などだ。

チューリップには水はけのよい土壌が必要だ。濡れた重い土壌に植えると、球根は腐りやすく、病気にかかりやすくなる。

用土は、粘土、沈泥（シルト）、砂の含有量に応じて区分され、これらの鉱物粒子の大きさと比率が、用土の性質に影響を与える。ローム土（砂と沈泥がほぼ同じ割合で、少量の粘土を含み、保肥性、保湿性、排水性に優れ、ほとんどの園芸植物に理想的とされる土。日本では赤玉土などで代用可能）は鉱物粒子の

比率が理想的で、粘土を約 10 〜 25% 含み、肥沃で水はけと保水性に優れている。ただし、どんな土壌も、堆肥と十分に熟成した牛糞（馬糞ではなく）を加えれば改良できる。

チューリップ栽培に理想的な土壌は、pH 値 6~7 の中性から弱酸性。園芸店やガーデンセンターで土壌 pH 検査キットを購入すれば、自宅の土壌の数値を測ることもできる。pH 値を少し上下させることは可能で、硫黄を加えると酸性に、石灰を加えるとアルカリ性になる。

水はけが悪い、または重い粘土質の土壌には、砂利や粗砂を混ぜるとよい。植え付ける前に、掘った穴の底に川砂を敷くとさらに水はけが良くなる。チューリップは湿気を嫌うとはいえ、特に成長期には水分が必要だ。砂の多い土壌は、保水性を高めるために、腐葉土や堆肥などの有機物を混ぜながら、植え付ける場所を深さ 25cm まで掘り返そう。

水はけを別にすれば、チューリップにはかなり耐性があるが、土壌を改良する努力を惜しんではいけない。きっとそれに見合った素晴らしい成果が得られ、丈夫で元気なチューリップに育ち、健康な子球をつけるだろう。

ネグリタパーロット［上］、シネダブルー［右］

チューリップの地植え

チューリップは晩秋か初冬に植え付ける。日向に穴を掘り、有機物を混ぜる。もし水はけが悪ければ、砂利や粗砂を加える。穴の深さは約15〜17cmで、底に川砂を薄く敷き、約15cm間隔で球根を置いたら土を埋め戻す。

植え付け

　冬の寒さが厳しい地域を原産地とするチューリップは、耐寒性に優れているが、球根の成長と開花を促すには、屋外の最低気温が5℃以下に下がっているときに、球根を土の中で冷却させる期間が必要だ。ヨーロッパや日本の大半の地域にあたる温暖な気候でも育ちやすいが、もっと暖かい地域では、一定期間、球根を人工的に冷やしてやらなければならない。また、春が非常に暖かいと、自然に繁殖するのが難しいため、球根は1シーズンしか使えないことが多い。

　温暖な地域では、秋の半ばから初冬までにチューリップを植えるとよい。春に開花するほとんどの球根と比べて、チューリップの植え付け時期は少し遅い。早めに注文した球根が到着するとすぐに植え付けたくなるものだが、早く植えたところで球根は湿った土の中で寒くなるのを待たなければならず、その間に腐りやすくなってしまう。涼しく乾燥した場所に直射日光を避けて球根を保管し、晩秋あるいは初冬まで待てば、球根は病気になりにくく、出てくる葉も春の霜に傷みにくいだろう。

ボーダー花壇に植え付ける

　大体の目安として、球根は5個、9個、11個などにまとめて風通しの良い場所に植えよう。奇数にした方が、落ち着いた自然な雰囲気が生まれ、見た目にも美しい。

　ボーダー花壇の隙間を埋める際はチューリップを使うとよい。球根を注文するときは、チューリップの前後にどんな植物が植えられているか、その植物がいつ成長し開花するかにも注意を払おう。チューリップの花は、周りの植物に埋もれずに、一段と高く優雅に立つのが理想的だ。草丈や花の大きさが少し異なる品種と寄せ植えすると、さりげなく落ち着いた雰囲気になるだろう。

　簡単にいうと、チューリップは、球根の高さの3倍の深さに植えればよい。球根の大きさは系統や品種によって異なるが、寒さが非常に厳しい地域の場合は、降霜からより一層守られるように、少し深めの15〜20cmほどに植えるのをおすすめする。軽い霜が降りる程度の、より温暖な地域では、10〜15cmに植えれば十分だ。判断に迷う場合は深めに植えておけば、気温の変動に対する予防になる。

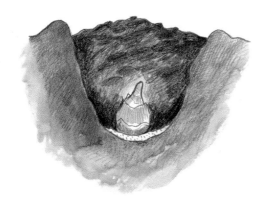

　蛇行して漂うように、さりげなく植えるには、最低でも 10 〜 13cm の間隔をとり、適宜、間隔を広げながら植え付ける。あちこちに球根を点在させると、自然藩種した感じを再現できる。この方法で植え付けると、どんなガーデンでも大抵うまくいく。

　公園などで見られる花壇は、ぎっしりと何列にも植えられたチューリップが直立の姿勢をとり、そのそばにパンジーやニオイアラセイトウが整然と並ぶ。こういう改まった雰囲気の花壇は、ある種の威厳を醸し出せる。

　球根はやはり 10 〜 13cm の間隔をとり、直線上に植えよう。もし、正確に植えたいのなら、花壇の距離を測って、1 列ごとに何個のチューリップが必要かを計算する。隣の列の球根とジグザグに並ぶように位置をずらし、2 列目の球根は、1 列目の球根と球根の間から見えるようにきちんと並べ、3 列目は 1 列目と同様に、というふうに続けていく。

　もし庭が小さいなら、隙間があいている場所に、あちこちチューリップを寄せ植えすればよい。チューリップが枯れて掘り上げた後には、ダリアなど晩夏に咲く植物を代わりに植えよう。

寄せ植え

　チューリップと一緒に、どんな植物を植えるかで、植栽の雰囲気が決まる。チューリップの前後が他の植物に少し隠れるのが筆者の好みだ。チューリップのすらりとまっすぐな形よりも、葉の茂みや他の花の上を漂うように揺れる花に視線が集中するからである。ゼラニウム、牡丹、ポピー（ケシ属）、ヘメロカリス（ワスレグサ属）などの多年草は、低い衝立のようにチューリップを囲む。合わせたいチューリップよりも遅く咲くなら、葉の色調が合うかどうかだけ考えればよい。

　十分に試してみた結果、お気に入りの植物がある。ワスレナグサ（ワスレナグサ属）とニオイアラセイトウ（エゾスズシロ／エリシマム属）は、チューリップとの相性が完璧だ。育苗場から購入する植物は、開花してみると、違う色の花が混じっていることがよくあるため、選んだチューリップと美しく調和する色の花だけを確実に栽培するには、種子から育てることをおすすめする。これは特に、とても淡い色や、逆に強い色のチューリップを植えるときに重要だ。赤は花壇で合わせるのが難しい色だが、チューリップより後に咲く多年草の葉の茂みの中に植えると、激しい色がぶつかり合うのをうまく避けられる。

　いろいろな植物との寄せ植えを試してみると、自宅の空間に合うもの、合わないものがすぐにわかるようになるはずだ。

コンテナに植え付ける

チューリップのコンテナ植えは、春らしい色をガーデンに取り入れる方法としておすすめだ。花が咲く頃、ボーダー花壇のあちこちに鉢を置くだけで、完璧に設計された花壇のような印象になる。開花を終えたチューリップは掘り上げて、夏に開花する植物に植え替えよう。

チューリップには、根が成長するスペースを確保できる、深さ30cm以上の大きな植木鉢が必要だ。チューリップの草丈を確認し、それに応じて植木鉢を選ぼう。

水はけを良くするため、植木鉢の底に鉢かけなどを敷き、球根用の培養土か、ローム土（赤玉土など）に砂か粗砂を混ぜた用土を10cmほど加える。その上に川砂を薄く敷き、植木鉢の真ん中に球根を置く。川砂を敷くことで球根の根元が乾燥を保ち、腐りにくくなるのだ。コンテナ植えの場合には、球根の間隔は一般的なルールとは異なり、近づけて植えてよいが、球根どうしが触れないように注意しよう。球根の先端が見えるくらいまで、さらに培養土を加える。

チューリップの球根を囲むように、ムスカリ属（グレープヒヤシンス）など、春咲きのより小さな球根を植えよう。寄せ植えする植物は、同時に開花しなくてもよく、鉢を楽しむ期間が長くなるように選べばよい。下植え用のこの球根を培養土で覆い、土の表面が植木鉢の縁から1cm以内になるまで土を入れた後、水を1度だけたっぷりかける。もし、長い間雨が降らず、用土が極度に乾燥している場合は、水を入れた大きな入れ物に植木鉢を浸して、自然に水を吸収させる。リスなどの動物が球根を掘り出したり、かじったりする場合は、害獣対策として、植木鉢に鶏小屋用の亀甲金網を被せよう。

翌年も使うために球根を掘り上げるつもりなら、子球をつけるエネルギーが補充されるように、葉を出し蕾ができてきた頃に肥料をやる。もう使わないのであれば、花壇に植えっぱなしの球根は再び開花しないため、開花後に球根を処分しよう。

チューリップの鉢植え

a) 深さが30cm以上の大きな植木鉢を使う。水はけをよくするため、植木鉢の底に古い植木鉢のかけらを敷き、球根用の培養土または、ローム土に粗砂を混ぜた用土を10cm加える。球根の根元の乾燥を保つため、その上に川砂を薄く敷く。

b) 植木鉢の中に間隔をあけて球根を並べる。花壇に植えるときよりも近づけてよい。植木鉢の縁から1cm以内の高さまで、培養土を加える。

c) 他の球根と寄せ植えする場合は、適切な深さの層にして植える。アヤメ、クロッカス、ムスカリなどの小さな球根は、チューリップよりも浅く、5cmほどの深さに植えること。

a)

原種系チューリップには、自然の生育環境と同様の生育条件が必要。中でも、冬の寒さ、春の雨量、夏の乾燥が大切な条件だ。ボーダー花壇に地植えすると、なかなかうまく育たないが、コンテナなら、こういう条件を再現しやすい。

深さ20cm以上の深いコンテナに、粒の粗い良質の用土を満たし、粗砂か砂利で覆えばよい。毎年育ち続け、繁殖して株を増やすはずだ。水やりは不要で、むしろ、夏の雨から守ってやらなければならない。時々追肥して、数年に一度は移し替えよう。

花がら摘み

園芸品種のチューリップは、花が枯れてきたら、すぐに花がらを摘み取ろう。そのままにしておくと、種子が発達し続け、子球の形成に向けられるはずのエネルギーを消耗してしまう。子球は、確実に繁殖させるための唯一の手段なのだ。

一方で、原種系チューリップは、放置して種子を実らせて、種子と「ドロッパー（下垂球）」（親球の下にぶら下がるように形成される子球）の両方で繁殖する。

追肥

植え付けの前に用土に有機物を混ぜておけば、肥料を追加する必要はない。ただし、成長に弾みをつけたければ、バランスの良い一般的な肥料を春に与えよう。葉を茂らせる働きがある窒素分の高い肥料は避け、開花と結実を促進し、成長力を高めるカリウム（カリともいう）分が豊富なものを選ぶのがよい。葉は肥料焼けすることがあるため、肥料を撒くときは葉を避けるように注意したい。

翌年に使うために球根を掘り上げる予定なら、花が咲き終わってから葉が枯れるまで、同じタイプの肥料を週に一度与えよう。こうすることで、子球の成長が促される。

b)

c)

ホワイトスター

掘り上げ

園芸品種のチューリップの中には、植えたままにしておくと、翌年も効率よく花をつけるものがある。ただし、おそらく翌年の春には見応えが劣り、全く花をつけない可能性も高くなる。その点、掘り上げをして子球を外せば、翌年花をつけそうなもの、あるいはもっと成熟するまで苗床で育てるべきものに仕分けることができる。

シャベルで球根を掘り上げるタイミングは、葉が完全に枯れる直前。枯れかかっている葉は、まだ子球に養分を与えているからこれより早くてはいけない。球根についた土を払い落として、枯れた葉ごと球根を涼しく乾燥した場所に置く。完全に乾いたら、球根をひねって外し、状態を確認しよう。

子球をそっとねじるようにして親球から外したら、親球は処分してよい。子球は網や紙袋に入れ、日光の当たらない、風通しの良い場所に保管する。理想的な気温は18〜20℃だ。再び植え付ける前に点検し、柔らかいものや斑のあるものは処分し、アブラムシの兆候が少しでも見られたら、殺虫剤で処理する。大きさと損傷も確認。繁殖させる価値があるのは、ふっくらとした健康な子球だけだ。大きな子球は翌年花をつける可能性が高く、小さな子球は開花までに2〜3年かかるだろう。

小さな子球は、日当たりと水はけのよい苗床に、15cmの深さに15cm間隔で植え、成熟するまで育てる。子球は成長期に入ると葉をつけ、その葉が作る養分によって球根が成長し、やがて十分に成熟して花をつける。そのプロセスが繰り返されるのだ。

チューリップの球根は、品種や系統によって、多様な形状と大きさがある。さまざまな品種の子球が成熟するまでに何年かかるかは、経験から学べるだろう。小さな子球を苗床で育てる手間を省きたければ、大きな子球だけを使って、残りは処分すればよい。

休眠処理（低温処理）

休眠処理とは、寒い冬が過ぎたと勘違いした球根が、発芽を始めて開花するように、球根を人工的に冷却して一定期間休眠させることである。その効果は、系統と品種によって異なる。理論上、カウフマニアナ系、フォステリアナ系、グレイギー系、原種系、その他を除く系統（p.8〜9参照）のほとんどは休眠処理に適しているが、最良の結果を出すためには、休眠処理に適していると明記されてる品種を選ぼう。中には、とても早い時期に開花させられる品種があり、同じ品種のチューリップの球根が、早春にたくさん販売されているのはそのためである。

チューリップの球根を休眠させるには、紙袋に入れて、1〜5℃の冷蔵庫に保管する。野菜室が理想的だが、果物が放出するエチレンガスは、チューリップの成長を妨げるため、球根と果物を一緒に保存しないように注意したい。球根が芽を出し始めたときが、鉢植えのタイミングだ（p.206参照）。

室温が10〜16.5℃ほどの部屋の、直射日光が当たらない場所に植木鉢を2週間置く。できれば、最初は室温をより低く保ち、室内を暗くして、球根が新しい環境に慣れるよう、室温と光量を徐々に調整するのがよい。芽が高さ5cmになったら、明るく暖かい部屋の、直射日光が当たらない場所に移動。すると、チューリップは急速に成長し、蕾をつけ、1週間ほどで開花するだろう。

USDA（アメリカ農務省）による耐寒性地域区分のゾーン8〜10など、暖かい地域では、今述べた、冬の環境をまねる方法を使えばチューリップを栽培できる。球根を一定期間冷やしたら、土壌が一年で最も冷たい時期に庭に植えればよい。ゾーン8〜9では11月の終わりから12月の初めに、ゾーン10では1月の初めに植え付けよう。

球根を少し早く咲かせたい場合は、植木鉢に植え付けた後、物置か暖房のない車庫、あるいは植木鉢が入るほど大きな冷蔵庫に保管すればよい。水分をゆっくり吸収するように、水を張ったボウルに植木鉢を浸した後、取り出して新聞で覆い暗くする。保管してからおよそ10週間後に確認し、表面に芽が出てきたらすぐ、前述と同じプロセスに従う。

室内用として休眠処理により開花させた球根は、再び開花することは滅多にないので、後で庭に植え付ける必要はない。

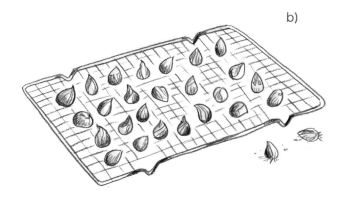

掘り上げと繁殖

a) チューリップが種子の発達にエネルギーを使うのを防ぐため、花がしおれたら摘み取る。葉は、生成した養分を球根に送っているため、葉がしおれて枯れるまで待ってから、球根をそっと掘り起こす。手でひねりとるか、必要なら剪定バサミを使って、葉と茎を取り除く。子球を親球からそっと外し、親球は処分する。

b) 子球をトレーに乗せて乾かす。一番大きな子球だけが翌年花をつけるため、小さな子球は処分するか、成長して花をつけるまで苗床に植えて育てる。

c) 子球をひもで吊るすか、袋に入れて、直射日光を避け、風通しの良い場所に保管する。

害虫と病気

きちんと栽培すれば、特に最初の年は、チューリップはほぼ問題なく育つ。ただし、時には問題が発生するため、次に挙げる項目の兆候がないかを確認し、対処方法を学ぼう。

線虫

裸眼ではほとんど見えない、小さな糸のような生き物。地中の球根の根毛を餌にした後、植物に侵入し、内部から繊維を破壊する。その植物が枯れると、近くの植物に移動する。

茎が曲がっていたり、葉が裂けていたら、線虫がいる証拠。被害にあった球根は掘り出して燃やそう。

根腐れと茎腐れ

土壌中の糸状菌を病原菌とする病気で、非常に大きな被害を与え、葉と芽がしおれ、茶色くなる。被害に遭った株は掘り出して燃やし、周辺を片付け、落ち葉を取り除く。もし、貯蔵された水を水やりに使っていたのなら、貯水槽の水質改善専用の、環境に優しい、市販の液状水質浄化剤を使おう。

一年に一度は貯水槽を空にして掃除をすると、この問題の防止に役立つ。

ナメクジとカタツムリ

これらの害虫は、葉も地中の球根も餌にする。チューリップの植え付けには清潔なコンテナと、球根用の新鮮な培養土を使い、できるだけ駆除して個体数を抑えよう。

ネズミとリス

リスはチューリップの球根を掘り起こし、ネズミは球根をかじる。自宅の庭でこの問題が発生した場合は、球根を植えた場所やコンテナを亀甲金網で覆って被害を防ごう。チューリップの芽は金網を通って育つ。

褐色斑点病(褐斑病)

Botrytis tulipae を病原菌とする、チューリップが最もかかりやすい病気だ。一度発生すると、周辺の植物にも急速に伝染する。地面の水分が多すぎ、湿度が高いと、チューリップは非常に感染しやすい（だから水はけをよくすることが大切なのだ）。

症状は葉と茎に現れ、斑点ができ変形する。このような症状を見つけたらすぐに、葉をつけたまま球根を掘り起こして燃やそう。

他のチューリップには、浸透性殺菌剤を噴霧する。もしこの病気が定着したら、同じ問題が繰り返し発生するため、その場所に少なくとも3年間はチューリップを栽培できない。

モザイク病

この病気はアブラムシを媒介にして伝染するため、遅咲きの品種に発生しやすく、葉や花に筋が入るのが症状だ。

モザイク病は美しい花を生むこともあるが、球根を弱らせ、チューリップ以外の種を含め、他の植物にも伝染する。つらいことだが、球根も葉も取り除いて燃やそう。花は花びんに入れて飾るのもよい。

切り花としての
チューリップ

園芸品種のチューリップは、いずれも切り花として素晴らしく、長持ちするのはもちろん、切った後でさえ成長を続け、15cm 程伸びることもある。庭に切り花用のスペースがあるなら、春に好きなだけ摘めるように、秋に球根をきちんと列に並べて植えよう。

色とりどりの生花を作るために、さまざまな色のチューリップを植えたいのなら、同じ時期に開花する品種を選ぶことが大切だ。あるいは、早春から晩春まで、さまざまな時期に開花するチューリップを取り混ぜれば、春の間ずっと切り花を楽しめる。

開花し、花びらがちょうど開き始めたチューリップが摘み頃だ。茎は少なくとも 1cm 以上切り落とし、切り口を乾いた紙で包み、冷たい水の中に立てて、涼しい場所に 6 〜 8 時間置いてから生ける。直射日光を避け、水面より下の葉は腐敗するため取り除く。花びんは必ず清潔なものを使用し、ぬるま湯や温水だと茎が垂れ下がりやすいため、冷たい水を入れる。

チューリップの花束を買ったら、茎の末端を 1cm 程切り落とし、水揚げをしてから、すぐに水を入れた花びんに生ける。有害な細菌の繁殖を防ぐためには、2 日毎に完全に水を換え、長持ちさせるためには、強い日差しを避け、暖房器具などの暖気が直接当たらない場所に置こう。

チューリップは屈光性で、光の方向に曲がるため、躍動的な素晴らしいアレンジメントができる。この性質を魅力的だと思う人もいれば、中には、チューリップが直立したままでいるように、花びんを回転させる人もいる。もし、茎をまっすぐに保ちたければ、湿らせた新聞紙で花束をしっかり包み、輪ゴムで止め、これを水に挿して一晩置いてから生けるとよい。運が良ければ、チューリップは軍人然とした姿勢を保つだろう。

チューリップとスイセンを一緒に花びんに生ける場合は、予めスイセンを別の入れ物に 4 〜 8 時間入れておく必要がある。すぐに一緒にすると、チューリップにとって有害な汁がスイセンから発生するからだ。清潔な花びんと新鮮な水を使って生けよう。

必要があれば、硬い蕾の状態で摘んだばかりの花は、水に入れずに、1 週間まで冷蔵庫で保存できる。使う時がきたら、バケツに 38 〜 43℃のお湯を張る。茎の根元を 2.5cm 切り落とし、切り口がバケツの底に触れずに、少し浮くように、ラップフィルムで包み水を吸収しやすくする。2 時間放置したらアレンジメントに使おう。巨大な冷蔵庫があれば、チューリップをバケツの水に入れたまま、1 週間保存することもできる。

GLOSSARY -用語集-

色割れ
アブラムシを介して伝染するモザイク病の症状で、チューリップの花びらに色鮮やかな炎模様が現れる。ただし、球根とその子球を弱らせ、最終的には枯れさせる。

園芸品種
選抜された品種を交配することにより作出された園芸用の品種のこと。

雄しべ
花の雄性生殖器官で、花糸と葯で構成される。

花糸（かし）
葯を支えるほっそりとした棒状の器官で、葯とともに雄しべを構成する。

花被片（かひへん）（花びら）
植物学上、一重のチューリップには萼片も花弁もなく、花被片がある。花被片は蕾のときは緑色だが、蕾が開花の準備を整えている間に色を帯びていく。一方、花弁は最初から色がついていて、蕾のときは緑色の萼で守られている。これが花被片と花弁を区別する特徴だ。本書では、わかりやすいように花被片を花びらと呼んでいる。

外皮
球根を覆っている、紙のように薄い部分。

球根
養分を蓄える器官で、生育中の植物に養分を与えて保護する。また、球根に成熟する前の子球を形成する。

茎盤（けいばん）
球根の根元にあり、未成熟の茎は、球根の中にあるこの部分から成長し、根もここから生える。

交配種
異なる原種や品種を掛け合わせたもの。

子球
成熟して開花するまでに1年以上かかる未成熟の球根。子球は掘り上げ時に確認でき、親球は最大5個の子球を形成する。一番大きな子球は、きちんと保管すれば翌年花をつけるはずだ。

柱頭（ちゅうとう）
雌しべの先端にあり、受精を行うために花粉を受け取る器官。花粉は柱頭から花柱を下降して子房に運ばれ、受精した子房は果実と種子を形成する。

突然変異
植物の遺伝子構成の変化。

花がら摘み
枯れた花を植物から取り除くこと。チューリップの場合、これにより種子の形成にエネルギーを費やすことが妨げられ、球根の養分は子球の形成に使われる。

分類
チューリップは花型や種類、花期などをもとに、15の系統に分類される。各系統の詳細はp.8〜9を参照。

掘り上げ
開花後、チューリップの茎と葉がしおれたら、子球を外すために、球根を土から掘り出すこと。

雌しべ
子房、花柱、柱頭から成る雌性生殖器官。子房は受精が起こる場所であり、花柱により柱頭とつながっていて、柱頭で受け取られた花粉が、子房に送られて受精が可能になる。

葯（やく）
植物の花粉を形成する器官で、花糸の先端につき、花糸とともに雄しべを構成する。

DIRECTORY -品種一覧-

（本書で詳述した品種を掲載）

他に、写真を掲載した原種系および園芸品種のチューリップは以下の通り。

さまざまな花型や色を持つ、チューリップの真の魅力を伝える本書『世界の華麗なチューリップ銘鑑』は、17世紀に株式市場を熱狂させるほど珍重され、今なお世界を魅了し続けている、チューリップの本質を捉えている。

好評のシリーズ『Vintage Roses（ヴィンテージローズ）』、『暮らしを彩る美しい牡丹と芍薬』、『Dahlias（ダリア）』に続く、目を見張るほど美しいモダンな感覚の園芸書であり、50種以上もの美しいチューリップの品種を紹介。ピンクに染まった華麗なラベルエポック、ラズベリー色が渦巻くカーナバルデニース、クリスタルのフリンジで縁取られたオビエド、燃えるような花型のフレーミングパーロットなど。多彩な色や質感をもつチューリップには、花びんからガーデンまで、あるいはロマンチックな花束からウェディングのブートニエールまで、ほぼどんな場面にもふさわしい品種がある。

受賞歴をもつ写真家レイチェル・ワーンによる、完全撮り下ろしの豪華な写真と、著名な作家で熱烈な園芸家のジェーン・イーストによる想像力をかき立てる解説からなる本書は、チューリップの刺激的な歴史と発展について語り、また自宅でチューリップを栽培し楽しむためのガーデニングのコツなどもわかりやすく伝えている。手元にあるのがプランターであれ、大きな花壇であれ、壮大なチューリップの世界を堪能しよう。

この場を借りて、本書『Tulips』にご尽力いただいた全ての方々に感謝の意を表します。特に以下の方々にお礼を申し上げます。

本書に掲載した花の仕入れ先を見つけ、発注し、生け、美しい自宅を撮影場所として提供してくれたジョーン・ホームズ。

写真撮影用の花を供給してくれたブロムズバルブズと、専門家の視点で写真と原稿に目を通してくれたエレイン＆クリストファー・ブロム。

素晴らしい挿絵を描いてくれたソマン・リー。

本書の企画に尽力してくれた、グリーンガーデン・フラワーバルブズのステフ・ファン・ダムと、ジーティーバルブカンパニーのネイサン・ティーウー。

パヴィリオンブックスカンパニー

　真っ先にレイチェル・ワーンへ、感謝の意を表さなければなりません。写真家としての彼女の素晴らしい視点が、チューリップという壮麗な花の奇抜さや、楽しさ、超越した美しさを捉えてくれたことに。完璧な花を撮影するために、イギリス国内をくまなく旅し、ヨーロッパ各地にも足を伸ばしてくれたこと、そして最も手に入りにくい品種を見つけ出してくれたことに。彼女がいなかったら、本書は価値のないものになっていたでしょう。

　全ての名前を挙げ切れないほど、多くの方々に力を貸していただきました。数え切れないほどの質問に答えてくださった皆さんの忍耐力とご厚意がなければ、本書は実現しなかったことでしょう。

　オランダのグリーンガーデン・フラワーバルブズのステフ・ファン・ダムは、今後数年間に販売されるのはどの園芸品種の球根かの疑問に関して、有益なアドバイスを与えてくれました。KAVB（オランダ王立球根生産者協会）からは、生物分類学者で司書のヨハン・ファン・シェーペンと生物分類学者のサスキア・ボデホムの両名が非常に貴重な調査と情報を提供してくれ、大変ありがたく思っています。私に欠けている知識を見事なまでに補ってくれた、ヤン・デ・ヴィット＆サンズ社のヤン・デ・ヴィットの助力に心から感謝しています。また、ブロムズバルブズのエレイン＆クリストファー・ブロムには、専門的知識を分かち合い、原稿を確認することを快諾してくれたことに謝意を申し上げます。

　パヴィリオンの担当の編集者の方々、優秀なクリシー・マレット、優しいケイティー・ヒューエット、辛抱強くこの上なく注意深いダイアナ・ヴォールズの、優しい励ましと忍耐と熱意に厚くお礼申し上げます。また、ミシェル・マックとゲイル・ジョーンズの優美なデザインと、ポリー・パウエルとケイティー・カウワンの私に対する信頼にお礼申し上げます。

　夫のエリック・マスグレイヴにも感謝しています。締め切りが迫ると素早く行動に移し、テキパキと掃除をしてくれたり、ありあわせのものでいろいろな料理を作ってくれたのは、簡単にできることではないから。子供たち、フローレンス、テディー、ジュヌヴィエーヴと、素晴らしいアレクサンドラ・ハックステイブルは、絶えず応援してくれ、ケントからノーサンバーランドへの引っ越しで執筆が中断した後に、家族で過ごす祝日にも執筆し続けた私に我慢してくれました。また、フローレンスは、初稿を校正する時間をとってくれました。

　ケントのウェアホーンの読書会からの親切な励ましにも謝意を表します。毎月の集まりで、私がこの本の執筆をまだ終えていないことに仰天されたことが、書き上げる力になりました。みなさんにお会いできなくて寂しいです。

　　　　　　　　　　　　　　　　　　　　　　　　　　　　ジェーン・イースト

　この美しい本を作り上げる道のりは、荒々しくも楽しいドライブであり、限られたスペースの中では、全ての方々にきちんとお礼を申し上げることはできません。

　まず、パヴィリオンには、ジョージアナ・レーンの後任の座を、私に打診してくださったことに感謝の意を表します。お話をいただいたことをとても嬉しく、ありがたく思いました。皆さんには感謝してもしきれません。特に、委託編集者で「私の拠り所」であるクリシー・マレットには、数え切れないほどのeメールと、支えと、素晴らしい製作物（スプレッドシートは最高！）をいただきました。チームの他のメンバー、ケイティー・カウワン、ミシェル・マック、ゲイル・ジョーンズ、ダイアナ・ヴォールズ、ケイティー・ヒューレットにもお礼を申し上げます。撮影日に足をけがしていても、撮影をスムーズに進行させた冷静なアートディレクター、ヘレン・ルイスにも。また、本書を実現させた、優れた作家のジェーン・イーストにも謝意を表します。あなたのそばで働けて、本当に楽しかった。ありがとう。

　次の方々にも感謝を申し上げます。たゆまないご支援とご厚意を寄せてくれた、ジーティーバルブカンパニーのネイサン・ティーウー。与えられた責任以上のことを果たしてくれたグリーンガーデン・フラワーバルブズのステフ・ファン・ダム。あれほどやりとりしたからには、いつの日かお会いできることを願っています！　ウェストサセックス州のアランデル城のマーティン・ダンカン、フロ・パウエル、スティーヴン・マニオン、サンドラ・ウェーバー。マーティンとジョージナご夫妻は、訪問の口実がなくても、いつも歓迎し寛大にもてなしてくださり、マーティンの情熱と専門的知識は目を見張るほど素晴らしかった。アランデル城の全ての方々に厚くお礼申し上げます。チューリップ界の中心、オランダのリッセにあるキューケンコフ公園のアンネマリー M.M. ヘラルト＝アドリアーンセンズには、繁忙期に撮影を許可してくださったことにお礼申し上げます。ウェストサセックス州のパラム・ハウス＆ガーデンズの庭師長トム・ブラウンには、辛抱強く協力していただき大変ありがたく思っています。リンカーンシャー州のスプリングフィールズ・フェスティバル・ガーデンズのアンディー・ボイトンには、揺るぎない努力の結果、今春は過酷な気象条件にも関わらず彼のチューリップが開花したことに。フローリストのジョーン・ホームズには、最も扱いにくいチューリップさえも、魅力的に見せる才能に。兄弟のスチューアートには、助力と、オランダで車を放棄せざるを得なかったことに！　アシスタントを務めてくれたルー・デデューには、重労働と頭脳で私を精神的に支えてくれたことに。今後はあなたがいなくて寂しくなる。ケンブリッジ大学植物園のリチェンダ・ホワイトヘッドとポール・アストンには、原種系チューリップを育ててくれていることに。ブロムズバルブズには、最終撮影日に使う花の一部を供給してくれたことに。イーストサセックス州のパッシュリー・マナー・ガーデンズのケイト・ウィルソンには、撮影できず申し訳なく思っています。もちろん、夫のジョーがいつも彼らしくいてくれたこと、幼い娘のエリンがママを誇りに思ってくれたことにも感謝しています。

　本書は、自然の力を決して軽んじないことを私に教えてくれました。気候温暖化は現実であり、ここイギリスで自然と関わる時間をなお一層難しくしています。逆境に直面しても順応し進化するチューリップの、本当の美しさを本書が伝えてくれることを願っています。ぜひ楽しんでください。

レイチェル・ワーン

世界の華麗なチューリップ銘鑑
TULIPS

2022年5月1日　　第1刷発行

訳　者　瀧下哉代
翻訳協力　株式会社トランネット
https://www.trannet.co.jp/
編　集　武智美恵
デザイン　伊藤智代美

著　者　ジェーン・イースト
発行者　吉田芳史
印刷・製本　図書印刷株式会社
発行所　株式会社 日本文芸社
　　　　〒100-0003 東京都千代田区一ツ橋1-1-1
　　　　パレスサイドビル8F
　　　　TEL 03-5224-6460（代表）

URL https://www.nihonbungeisha.co.jp/
Printed in Japan 112220415-112220415Ⓝ01(080023)
ISBN978-4-537-21992-0
©NIHONBUNGEISHA（編集担当 牧野）

内容に関するお問い合わせは
小社ウェブサイトお問い合わせフォームまでお願いいたします。

ウェブサイト https://www.nihonbungeisha.co.jp/

First published in the United Kingdom in 2019 by
Pavilion
43 Great Ormond Street
London
WC1N 3HZ

Copyright © Pavilion Books Company Ltd 2019
Text copyright © Jane Eastoe 2019
Photography copyright © Rachel Warne 2019

ISBN 978-1-911624-28-8

A CIP catalogue record for this book is available from the
British Library.

10 9 8 7 6 5 4 3 2 1

Reproduction by Rival Colour Ltd, UK
Printed and bound by 1010 Printing International Ltd, China

www.pavilionbooks.com

TULIPS by Jane Eastoe
Copyright © Pavilion, 2019 Text Copyright © Jane Eastoe, 2019
Photography Copyright © Rachel Warne, 2019
First published in Great Britain by Pavilion, an imprint of
HarperCollinsPublishers Ltd 2019

Japanese translation rights arranged with HarperCollinsPublishers
Ltd, London through Tuttle-Mori Agency, Inc., Tokyo